W0283430

GÜTERSLOHER
VERLAGSHAUS

Gütersloher Verlagshaus. Dem Leben vertrauen

Ann Elisabeth Auhagen

Positive **Kommunikation**

Das Gute in sich entdecken
und besser mit sich
und anderen umgehen

Gütersloher Verlagshaus

Bibliografische Information Der Deutschen Bibliothek
Die Deutsche Bibliothek verzeichnet diese Publikation
in der Deutschen Nationalbibliografie; detaillierte bibliografische
Daten sind im Internet über http://dnb.ddb.de abrufbar

FSC
Mix
Produktgruppe aus vorbildlich
bewirtschafteten Wäldern und
anderen kontrollierten Herkünften

Zert.-Nr. SGS-COC-1940
www.fsc.org
© 1996 Forest Stewardship Council

Verlagsgruppe Random House FSC-DEU-0100
Das für dieses Buch verwendete FSC-zertifizierte Papier *EOS*
liefert Salzer, St. Pölten.

1. Auflage

Umschlaggestaltung: schwecke.mueller Werbeagentur GmbH,
München, unter Verwendung eines Fotos © corbis
Druck und Einband: GGP Media GmbH, Pößneck
Printed in Germany
ISBN-13: 978-3-579-06512-0
ISBN-10: 3-579-06512-2

www.gtvh.de

Inhalt

Die Bedeutung von *Positiver* **Kommunikation**

Haben Sie manchmal alles satt? Sind Sie auch nicht mit allem einverstanden, was in unserer Gesellschaft abläuft? Fragen Sie sich manchmal: »Was soll das eigentlich alles?« Und, ärgern Sie sich bisweilen über andere Menschen? »Was die schon wieder machen, mein Nachbar, die vom Fernsehen und erst die Politiker.« Ja, wenn die anderen nicht wären. Aber da kann man nichts machen. Was soll ich allein schon ausrichten. Die Leute sind eben so.

Aber ist es denn wirklich so? Vielleicht kann alles besser gehen. Und die gute Nachricht: Sie selbst können etwas tun. In die Politik gehen? Vielleicht. Die anderen ändern? Wohl kaum. Fangen Sie bei sich selbst an: Kommunizieren Sie positiv. *Positive Kommunikation* beschreibt eine Idee, mit sich und anderen umzugehen, die Gedanken der modernen Kommunikationspsychologie und Gedanken aus geistiger, philosophischer und religiöser Richtung miteinander verbindet. *Positive Kommunikation* ist ein ganz praktischer Ansatz, der im Alltag verwirklicht werden kann.

Zwei entscheidende Erfahrungen

Zwei Erfahrungen haben entscheidenden Ausschlag dafür gegeben, dass ich dieses Buch geschrieben habe. Die erste war der Tod meiner Mutter. Meine Mutter war sehr lange sehr krank, und das war eine überaus schwierige Zeit für uns alle. Schließlich war sie in einem Pflegeheim, unfähig, sich zu bewegen. Sie schottete sich von der Außenwelt ab, verweigerte jede Nahrung. Wenn man mit ihr telefonieren wollte, musste ihr erst eine Schwester den Hörer geben. Es war an einem Tag, als ich wieder mit meiner Mutter sprechen wollte. Ohne jede Vorwarnung sagte mir die diensthabende Schwester: »Ihre Mutter liegt im Sterben.« Meine Mutter und ich hatten uns immer sehr nahe gestanden. Deshalb buchte ich sofort einen Flug. Was dann kam, war für mich ebenso überraschend wie bewegend, und noch entscheidender, es hat mein Leben von Grund auf verändert. Meine Mutter lag da, ohne ein Lebenszeichen von sich zu geben. Sie atmete aber noch. Dann hörte sie plötzlich ganz auf zu atmen, um nach einer Zeit erneut anzufangen, wieder zu atmen und weiterzuleben. Diese Atemstillstände kamen mehrfach vor. Ich hielt meine Mutter, so gut es eben in dem Krankenhausbett ging, in den Armen. Auf einmal kam ich mir vor wie eine Geburtshelferin. Ich dachte: Vor vielen Jahren hast du mir geholfen, in dieses Leben zu kommen, und nun werde ich dir bei diesem Übergang helfen. Ja, ich glaube, ganz sicher zu wissen, dass das, was wir Tod nennen, nicht das Ende, sondern nur ein Übergang ist. Wieder kam ein Atemstillstand. Ich wartete und wartete. Die Sekunden, die Minuten verstrichen. Ich blieb sitzen und betrachtete das, was der Körper meiner Mutter gewesen war. Er erschien vollkommen unbedeutend. Nun geschah etwas, womit ich niemals gerechnet hatte. Ich kann es nicht beweisen. Ich kann es nur wahrheitsgemäß berichten. Ich erlebte die »Präsenz« meiner Mutter. Nicht in ihrem ehemaligen Körper. Aber es schien mir unzweifelhaft meine Mutter zu sein. Sie lächelte mir und meiner Tante, die ebenfalls im Raum war, voller Liebe zu. Ich schwieg über das Erlebnis. Wenig später jedoch sagte meine Tante plötzlich: »Ich glaube, sie lächelt.«

Dann geschah noch etwas, das ich mir nie erträumt hätte. Es überkam mich ein unbeschreibliches Gefühl der Freude. Nicht Freude darüber, dass meine Mutter nun nicht mehr bei uns war. Ich kann es nur etwa so in Worte fassen: Es war eine ganz tiefe, allumfassende, ich möchte fast sagen, überirdische Freude.

Ich weiß, ich bin nicht der erste Mensch, der mystische Erlebnisse hatte. Aber es ist etwas anderes, wenn man es sozusagen am eigenen Leib erfährt.

Ich wollte wissen, ob auch andere Menschen ähnliche Erfahrungen gemacht hatten. Ich las die Bücher der Sterbeforscherin Elisabeth Kübler-Ross. Ich verschlang Berichte über Nahtodeserfahrungen. Das sind Beschreibungen von Menschen, die den klinischen Tod erlitten haben, aber wieder ins Leben zurückgekommen sind. Immer mehr wollte ich wissen. In der Bibel las ich mit anderen Augen. Und ich wurde zu vielen weiteren Quellen geführt, in denen Gott uns auch heute Wichtiges offenbart. Ich erfuhr:

> *»Bittet, und es wird Euch gegeben werden; sucht, und Ihr werdet finden; klopft an, und es wird Euch geöffnet werden!«* (Lukas 11,9)

Eine wichtige Erkenntnis für mich war dabei: Es genügt nicht, an Gott zu glauben. Es ist unabdingbar, seine Gebote in die Tat umzusetzen. Jesus hat dafür in der Bergpredigt folgende Worte gefunden:

> *»Jeder nun, der diese meine Worte hört und sie tut, den werde ich mit einem klugen Mann vergleichen.«* (Matthäus 7,24)

Das andere Erlebnis, das zum Schreiben dieses Buches führte, ist weit weniger spektakulär. Es ist meine Tätigkeit als Wissenschaftlerin an der Universität in Forschung und Lehre. Seit vielen Jahren unterrichte ich Kommunikation. In solchen Kommunikationskursen wird vieles gemacht: Es werden kleine Vorträge über die Theorie von Kommunikation gehalten, es gibt viele interessante Diskussionen, und – was für Kommunikation ganz besonders wichtig ist – es wird geübt, geübt und wieder geübt. Das Schöne, wenn man anderen etwas beibringen will, ist ja, dass man selbst dabei sehr viel lernen kann. Ich eignete mir viel Wissen an und war begeistert von der modernen Kommunikationspsychologie. Aber etwas fehlte mir. Was gab es nicht alles? Vorschläge zum Umgang mit Konflikten, Strategien für

Verhandlungen oder Anleitungen, wie man im Alltag miteinander reden kann. So hervorragend und nützlich auch diese Fachliteratur zur Kommunikationspsychologie ist, etwas fehlte mir. Und das war die ethische Basis für Kommunikation.

Positive Kommunikation als zusätzliche Kommunikationsidee

Die Idee der *Positiven Kommunikation* verstehe ich als eine Ergänzung und nicht als eine Konkurrenz zu anderen Ansätzen in der modernen Kommunikationspsychologie. Auch soll der Name *Positive Kommunikation* nicht den Eindruck vermitteln, andere Beiträge zur Kommunikation seien negativ. Dieser Name bedeutet viel mehr, dass der Aspekt des Positiven unter bestimmten Prinzipien und Ideen im Umgang miteinander besonders betont wird. Diese Ideen und Prinzipien beschreibe ich im Verlaufe dieses Buches genauer.

Folgende Wissensquellen fließen in dieses Buch ein: Mein Wissen und meine Erfahrungen als Wissenschaftlerin und Psychologin sowie mein Wissen und meine persönlichen Erfahrungen als Mensch mit dem Geistigen. Dementsprechend kann die *Positive Kommunikation* als ein Ansatz verstanden werden, der geistige Erkenntnisse und Prinzipien mit moderner Kommunikationspsychologie verbindet. *Positive Kommunikation* ist aber gleichzeitig ein ganz praktischer Vorschlag, im Alltag miteinander umzugehen. Es ist im Sinne des Ansatzes der *Positiven Kommunikation*, sich weitere wichtige kommunikative Fähigkeiten und Fertigkeiten anzueignen. Dazu gibt es einiges an empfehlenswerter Lektüre.

Ein Buch zum Lesen und Arbeiten

Gerade jetzt schauen Sie hinein. Dieses Buch habe ich auch für Sie geschrieben. Für alle Menschen, die sich Gedanken machen über das Miteinander und über das Leben. Deshalb versuche ich, so verständlich wie möglich zu sein. In Ihrer Hand liegt kein streng wissenschaftliches Werk. Obwohl ich davon überzeugt bin, dass viele meiner Thesen auch wissenschaftlich gestützt werden könnten. Warum ich dann nicht warte, bis ich alles wissenschaftlich untermauert habe? Weil es zu lange dauern würde. Wahrscheinlich mehrere Menschenleben. Und ich möchte jetzt das sagen, was mir am Herzen liegt. Ich verzichte auch auf genaue Quellenangaben, wie sie in der wissenschaftlichen Literatur üblich sind. Am Ende finden Sie allerdings eine Auswahl von Büchern zum Weiterlesen.

Ob wissenschaftlich oder nicht, soll man nun alles ablehnen oder alles ungeprüft annehmen? Ich habe einen Vorschlag: Seien Sie selbst Wissenschaftlerin oder Wissenschaftler. Prüfen Sie, prüfen Sie ganz genau. Dieses Buch ist nicht geschrieben, damit die Leserinnen und Leser alles kritiklos übernehmen. Im Gegenteil: Überdenken Sie, prüfen Sie, probieren Sie aus und nehmen Sie nur das, was für Sie richtig, wahr und stimmig ist. Der Ansatz der *Positiven Kommunikation* stützt selbst entscheidende, selbst denkende und in eigener Verantwortung handelnde Menschen.

Positive Kommunikation liefert keine Patentrezepte. Durch *Positive Kommunikation* wird auch nicht alles wie durch ein Wunder sofort anders. *Positive Kommunikation* bedeutet vor allem eines: Arbeit an sich selbst. Und dafür möchte dieses Buch Hinweise geben, Vorschläge und Anregungen machen. Um eines bitte ich alle Leserinnen und Leser: Glauben Sie nicht, die Autorin sei perfekt. Das ist mit Sicherheit nicht der Fall. Aber ich versuche, an mir zu arbeiten, jeden Tag, und ich versuche, die Prinzipien der *Positiven Kommunikation* zu leben. Dabei habe ich mal Erfolg und mal glaube ich, versagt zu haben. Doch jeder Tag bietet mir immer wieder vielfältige Gelegenheit, zu üben und besser zu werden.

Und noch etwas anderes liegt mir am Herzen. Ich bin mir darüber im Klaren, dass dieses auch ein sehr persönliches Buch ist. Nein, ich möchte nicht im Vordergrund stehen. Im Gegenteil: Manches ist mir schwergefallen zu schreiben und damit der Öffentlichkeit zu offenbaren. Das habe ich nur aus einem einzigen Grunde getan: um die Aussagen dieses Buches mit meiner ehrlichen Erfahrung zu belegen. Dazu hat manchmal viel Mut gehört. Aber kann man jemand anders ermutigen, ungewöhnliche Wege zu gehen, und dabei selbst feige sein?

Dieses Buch handelt von Gott, von geistigen Prinzipien und von menschlicher Kommunikation. Für wen ist es geschrieben? Für alle, die diese Themen beschäftigen. Für alle, die meinen, dass man etwas tun kann. Für alle, die auch etwas tun möchten. Für alle, die einen guten Willen haben, gleichgültig, ob sie Gott für eine Realität halten oder nicht.

Was ist Positive Kommunikation?

Kennen Sie die Klaviersonate in c-Moll Opus 10 Nr. 1 von *Ludwig van Beethoven*, die so genannte »Kleine Pathétique«? Nein? Das ist nicht schlimm. Sie fragen sich, was das mit *Positiver Kommunikation* zu tun hat? Ich war dabei, diese Sonate auf dem Klavier zu üben. Besonders angetan hatte es mir der wunderschöne zweite langsame Satz. Dieser Satz hat einen geradezu unglaublich schönen Schluss, eine Coda, wie es in der Fachsprache der Musik heißt. Gerade diese Coda schien mir Musik aus einer anderen Welt zu sein. Doch diese Sonate hat auch einen dritten Satz mit einem fröhlichen, auf mich sehr weltlich wirkenden Thema. »Ich kann das einfach nicht nacheinander spielen«, jammerte ich meinem Klavierlehrer vor.

»Das eine kommt mir vor wie Sphärenklänge und dann das andere so irdisch.« Mein Lehrer überlegte einen Moment: »Weißt du, im zweiten Satz spiegelt sich das Höhere, das nicht von dieser Welt ist, und im dritten kommt Jesus, der sagt, dass wir es hier umsetzen sollen.« *Positive Kommunikation* schlägt nun ebenfalls das vor, was uns oft so unglaublich schwierig erscheint: eine Verbindung von geistigen Erkenntnissen und kommunikationspsychologischem Wissen zu schaffen und die Ergebnisse davon in unsere Alltagspraxis umzusetzen.

Kommunikation im Allgemeinen kann man beschreiben als ein ständiges Senden und Empfangen. Dabei gibt es immer mindestens einen Sender und einen Empfänger sowie mindestens eine Nachricht oder Botschaft, die gesendet wird. Es kann auf einem oder mehreren so genannten Kanälen gesendet werden, und der Empfänger muss die Möglichkeit haben, die Nachricht zu entschlüsseln. Dafür braucht man eine gemeinsame Sprache. Diese Sprache muss aber keine gesprochene Sprache sein. Sie kann auch zum Beispiel das sein, was wir Körpersprache nennen. Eine der wohl wichtigsten Erkenntnisse der modernen Kommunikationspsychologie ist folgende: In der zwischenmenschlichen oder sozialen Kommunikation senden wir nicht nur einfach trockene Botschaften. *Paul Watzlawick* vertrat als Erster die Ansicht, dass jede Botschaft eines Senders auch immer etwas über dessen Beziehung zum Empfänger aussagt. Der Kommunikationspsychologe *Friedemann Schulz von Thun* spricht sogar von vier Seiten einer Nachricht: von der »Sachseite«, das ist die beabsichtigte Mitteilung, von der »Beziehungsseite«, das ist eine Aussage über die Beziehung zum Empfänger, von der »Selbstoffenbarungsseite«, das bedeutet eine Aussage über sich selbst, und von der »Appellseite«, die das beinhaltet, was jemand mit seiner Botschaft erreichen möchte. Auch der Empfänger einer Nachricht kann den Schwerpunkt seiner Wahrnehmung und seiner Interpretation auf eine dieser vier Seiten der Kommunikation legen. Ein weiterer wichtiger Aspekt der modernen Kommunikationspsychologie ist, sich bewusst zu werden, dass wir weit mehr kommunizieren, als wir glauben. *Paul Watzlawick* hat dies so umschrieben: Man kann nicht *nicht* kommunizieren.

Was meine ich nun speziell mit *Positiver Kommunikation*? Eine kurze Definition von *Positiver Kommunikation* lautet:

Positive Kommunikation ist Senden und Empfangen in Bezug auf Denken, Fühlen, Reden und Handeln unter Berücksichtigung der Prinzipien von Nächstenliebe und Selbstlosigkeit.

Zwei wichtige Aspekte der *Positiven Kommunikation*, die sie auch zum Teil von anderen Arten der Kommunikation unterscheiden, sind, erstens, dass der *Positiven Kommunikation* eine Wertigkeit unterliegt, und, zweitens, dass *Positive Kommunikation* nicht nur Sprechen, sondern auch Denken, Fühlen und Handeln mit einschließt.

Gerade der Begriff des Positiven Denkens wird in letzter Zeit viel diskutiert. Die Meinungen und Konzeptionen darüber sind unterschiedlich. Oftmals geht es beim Positiven Denken um das Erreichen eigener Ziele oder um die optimistische Einschätzung der eigenen Situation. Positives Denken im Rahmen der *Positiven Kommunikation* ist positives Denken, das sich auf andere Menschen bezieht. Ebenso bezieht sich das Fühlen, Reden und Handeln in der *Positiven Kommunikation* auf andere Menschen. Wie man diese Idee umsetzen kann, schildere ich in den weiteren Kapiteln.

Nächstenliebe und Selbstlosigkeit sind zentrale Aspekte innerhalb der *Positiven Kommunikation*. Doch was bedeuten sie? Unter Nächstenliebe verstehe ich eine grundsätzlich positive Haltung gegenüber unserem Nächsten. Anders ausgedrückt: Wir erkennen in unserem Nächsten ein Wesen mit Würde und der Fähigkeit zum Guten. Selbstlos bedeutet ohne Berechnung. Oder anders ausgedrückt: Selbstloses Denken, Reden, Fühlen und Handeln ist Verhalten ohne die Erwartung einer Rückzahlung, eines Gewinns oder eines irgendwie gearteten kurzfristigen oder langfristigen Nutzens von anderen Menschen. Es wäre jedoch ein Missverständnis anzunehmen, dass zum Beispiel eine selbstlose Tat keinen Nutzen haben darf. Es geht darum, dass die Motivation der Tat ohne Berechnung ist. Wenn sich später ein Gewinn einstellt – und es wird sich öfter ein Gewinn einstellen –, dann bedeutet dies keinen Widerspruch zu der Uneigennützigkeit, wenn die Handlung ohne Erwartung geplant und ausgeführt wurde.

Von Freiheit und Verantwortung

Positive Kommunikation vertritt die Idee des freien Willens. *Positive Kommunikation* beruht auf dem freien Willen. In der Philosophie, der Religion und der Psychologie wird seit langer Zeit eine Diskussion geführt, ob wir tatsächlich einen freien Willen besitzen. Viele, die sich mit diesem Problem beschäftigt haben, sind zu dem Schluss gekommen, dass wir diesen freien Willen haben. Das Zeugnis des Arztes und Psychologen *Viktor E. Frankl* ist in diesem Zusammenhang besonders beeindruckend. *Viktor E. Frankl* war während der Zeit der Nationalsozialisten in mehreren Konzentrationslagern. Diese Orte des Schreckens sind nicht nur von ihm, sondern auch von vielen anderen Menschen beschrieben worden. Deshalb hebe ich hier nur den Aspekt der Freiheit hervor. In einem Konzentrationslager gibt es keine Freiheit, kann es keine Freiheit geben. Das sieht *Viktor E. Frankl* anders. Es gibt die innere Freiheit. Lesen Sie, was *Viktor E. Frankl* schreibt:

»Wer von denen, die das Konzentrationslager erlebt haben, wüßte nicht von jenen Menschengestalten zu erzählen, die da über die Appellplätze oder durch die Baracken des Lagers gewandelt sind, hier ein gutes Wort, dort den letzten Bissen Brot spendend? Und mögen es auch nur wenige gewesen sein – sie haben Beweiskraft dafür, daß man den Menschen im Konzentrationslager alles nehmen kann, nur nicht: die letzte menschliche Freiheit, sich zu den gegebenen Verhältnissen so oder so einzustellen. Und es gab ein ›So oder so‹!«

(Viktor E. Frankl 1979/1995,
Der Mensch vor der Frage nach dem Sinn, Seite 171)

Der freie Wille und die damit verbundene Freiheit im Denken, Fühlen, Reden und Handeln sollten mit Verantwortung einhergehen. Verantwortung bedeutet, für die Folgen des eigenen Denkens, Fühlens, Redens und Handelns einzustehen. Auch über die Frage nach der Verantwortung im Leben und für das eigene Leben ist vieles gedacht und geschrieben worden. Dazu gehören Berichte von Menschen über ihre Nahtodeserfahrungen. In vielen dieser auch wissenschaftlich ausgewerteten Erzählungen wird deutlich: Wir sehen unser Leben aus unserer eigenen Perspektive sowie aus der Perspektive anderer beteiligter Menschen wie einen Film vor uns. Und wir beurteilen dann selbst unser eigenes Denken, Fühlen, Reden und Handeln. Auch im Brief an die Galater des Apostels Paulus in der Bibel ist von Verantwortung die Rede:

> *»Irrt Euch nicht, Gott lässt sich nicht verspotten! Denn was ein Mensch sät, das wird er auch ernten. Denn wer auf sein Fleisch sät, wird vom Fleisch Verderben ernten, wer aber auf den Geist sät, wird vom Geist ewiges Leben ernten. Lasst uns aber im Gutestun nicht müde werden! Denn zur bestimmten Zeit werden wir ernten, wenn wir nicht ermatten.«* (Galater 6,7-9)

Freier Wille und Verantwortung gehören also zusammen: Wir können tun und lassen, was wir wollen. Wir sollten uns aber – und das weit mehr, als wir es bislang in unserem Alltag sind – darüber im Klaren sein, dass wir die volle Verantwortung tragen. Dass wir die Konsequenzen für unser Denken, Fühlen, Reden und Handeln tragen – und zwar über den Tod hinaus.

POSITIVE KOMMUNIKATION ALS CHANCE

Positive Kommunikation ist eine von vielen Möglichkeiten, bewusster Verantwortung im eigenen Leben zu übernehmen. *Positive Kommunikation* erfordert allerdings den Willen dazu, und sie bedeutet ständige Arbeit an sich selbst. Die anderen kann man nicht ändern. Es ist wichtig, dass jeder Mensch selbst entscheidet, ob er Sinn in der *Positiven Kommunikation* sieht. Was kann *Positive Kommunikation* bringen? Da kann und möchte ich nichts versprechen. Was ich tun kann: meine eigenen Erfahrungen beschreiben. Mein Leben ist dadurch bewusster geworden – und auch interessanter und schöner. Es macht mir oft Spaß, Verantwortung für mein Leben zu übernehmen. Wenn Sie sich also mit *Positiver Kommunikation* beschäftigen möchten, dann tun Sie es, weil Sie es wollen und weil Sie Sinn darin sehen. Hier und am Ende jedes Kapitels gibt es Übungen zur *Positiven Kommunikation*.

Positives und Negatives erleben Nehmen Sie abends zwei leere Blätter Papier. Schreiben Sie auf das erste Blatt als Überschrift: Was habe ich heute positiv erlebt, und was waren die Gründe dafür? Auf das zweite Blatt schreiben Sie: Was habe ich heute negativ erlebt, und was waren die Gründe dafür? Setzen Sie sich dann einige Minuten in Ruhe hin und denken Sie darüber nach, was Sie auf die Blätter schreiben können. Denken Sie noch ein wenig länger über das Geschriebene nach und auch, wie Sie Ihre eigene Rolle darin einschätzen. Das Ziel der Übung besteht darin, das eigene Bewusstsein im Alltag zu schulen. Sie können diese Übung – wie alle anderen Übungen – an mehreren Tagen machen und immer, wenn Sie Lust dazu haben.

Neben sich treten Treten Sie in der Kommunikation mit anderen im Alltag ab und zu ganz bewusst neben sich selbst. Schauen Sie sich das Ganze von außen an und wenn möglich aus der Sichtweise der Positiven Kommunikation. Versuchen Sie auch, sich in die Rolle des anderen hineinzuversetzen. Das Ziel ist, Abstand zu gewinnen und die Dinge aus einer anderen Perspektive zu betrachten.

Prinzipien der *Positiven* **Kommunikation**

Positive Kommunikation ist flexibel. Das Gleiche gilt auch für andere Formen zwischenmenschlichen Kommunizierens. Sie werden keine Bücher finden, die Ihnen starre Anleitungen oder gar Patentrezepte liefern. Dass dies so ist, liegt in der Natur des Kommunizierens. Richtige Kommunikation – oder besser angemessene Kommunikation – berücksichtigt immer den Kontext der Situation, in der kommuniziert wird. Auch die Beziehung der beiden Kommunizierenden und deren persönliche Eigenheiten spielen eine große Rolle, wenn Kommunikation angemessen und stimmig sein soll. Stellen Sie sich vor, Sie säßen am Abend in einem Restaurant. Das Restaurant ist in diesem Fall der situative Kontext.

Stellen Sie sich vor, Sie beobachteten dort an zwei unterschiedlichen Tischen zwei verschiedene Paare. Nach einer gewissen Zeit kommen Sie zu der Überzeugung: Das eine Paar ist aus beruflichen Gründen hier, das andere Paar ist ein Liebespaar. Woher Sie das zu wissen meinen? Vielleicht gibt die Kleidung Aufschluss. Entscheidend aber wird die Art sein, wie der Mann und die Frau jeweils miteinander umgehen. Wir alle wissen, Geschäftspartner kommunizieren auf andere Weise miteinander als Liebespartner.

Mit diesem Beispiel wollte ich sagen: Wenn ich im Zusammenhang mit *Positiver Kommunikation* von Prinzipien spreche, dann meine ich so etwas wie Leitgedanken oder Leitlinien. Prinzipien der *Positiven Kommunikation* sind also keine starren Regeln. Auch halte ich es für möglich, dass man noch andere Prinzipien der *Positiven Kommunikation* entdecken kann als diejenigen, die ich hier beschreibe. Wichtig ist jedoch bei allem, das sich *Positive Kommunikation* nennt, dass Nächstenliebe und Selbstlosigkeit die führenden Tendenzen im Denken, Fühlen, Reden und Handeln sind und bleiben.

Das Gute liegt in uns

Haben wir uns nicht angewöhnt, über alles Mögliche zu jammern, zu klagen, zu schimpfen, zu urteilen? Über die anderen, die Politik, die Welt, über Familie und Freunde, unsere Krankheiten und Stimmungen, kurz: über unsere gesamte Situation. Natürlich kann man das so machen. Aber führt es weiter? Ärger hat immer auch mit uns selbst zu tun. Was uns kalt lässt, darüber ärgern wir uns nicht. So gesehen ist eigentlich jede Ärgersituation eine Situation, in der wir etwas über uns selbst lernen können. Nur – das wollen wir in den meisten Fällen nicht. Die *Positive Kommunikation* schlägt vor, mit dem Jammern aufzuhören und selbst einen positiven Beitrag zu leisten.

Ich höre Sie jetzt sagen: »Das ist ja gut und schön, aber woher soll ich das Positive nehmen, wenn die Welt oft so negativ ist?« Nun, da habe ich eine gute Nachricht für Sie. Das Gute liegt in Ihnen selbst. Und das wissen Sie auch. Ich brauche Sie nur daran zu erinnern, falls es bei Ihnen ein wenig in Vergessenheit geraten sein sollte. Woher wissen Sie, dass das Gute, das Positive in Ihnen selbst liegt? Da gibt es mehrere Quellen. Die wichtigste sind Sie selbst und Ihre eigene Erfahrung. Sie waren schon einmal verliebt? Sie haben anderen schon eine Freude gemacht, anderen geholfen? Sie sind Mutter oder Vater von Kindern, die Ihnen sehr viel bedeuten? Das alles und weitere Beispiele zeigen: Das Gute liegt in jedem Einzelnen von uns.

Vielleicht genügt Ihnen Ihre eigene Erfahrung nicht, um an eine so weit reichende Aussage zu glauben. Deshalb gehe ich kurz auf andere Quellen ein, die auch dafür sprechen, dass das Gute in uns liegt, und zwar ohne Ausnahme in jedem Menschen.

In der Philosophie wird seit der Antike eine Diskussion über das Gute geführt. Vereinfachend lässt sie sich auf zwei grundsätzliche Positionen zurückführen. Die eine Position sagt: Es gibt das Gute als einen absoluten Wert. Das heißt etwa, dass das Gute als solches existiert, unabhängig von allem anderen. Die andere Position sagt: Es gibt das Gute nur als einen relativen Wert. Das besagt etwa, dass es das Gute an sich nicht gibt, sondern dass sich das Gute in Bezug auf das Schlechte definiert und auf der Vernunft und dem Willen jedes Einzelnen beruht. Der Philosoph *Bernard Williams*, den man als Vertreter der ersten Position ansehen kann, spricht sich eindeutig für eine Moral der mitfühlenden Fürsorge aus:

> *»Aus dem Gesagten folgt nicht, daß die mitfühlende Fürsorge für andere eine notwendige Bedingung für die Zugehörigkeit zur Welt der Moral ist, auch nicht, daß es sich bei dem hier skizzierten Weg um den einzig möglichen ›Zugang der Moral‹ handelt. Es folgt nicht, aber es ist so.«*

(Bernard Williams 1972/1986,
Der Begriff der Moral, eine Einführung in die Ethik, Seite 20)

Sehr bekannt auch außerhalb der Philosophie ist das Denken von *Immanuel Kant*. *Kant* äußert sich nicht nur über das Gutsein, er gibt uns auch gleich eine Handlungsanweisung mit auf den Weg, den so genannten »kategorischen Imperativ«:

> *»Der kategorische Imperativ ist also nur ein einziger, und zwar dieser: Handle nur nach derjenigen Maxime, durch die Du zugleich wollen kannst, dass sie ein allgemeines Gesetz werde.«*
>
> (Immanuel Kant 1785/1994, Grundlegung zur Metaphysik der Sitten, Seite 67f.)

Das Gute liegt in uns selbst – das sagt auch die Bibel. Besonders viele Hinweise darauf findet man in der Bergpredigt (Matthäus 5–7). Die Bergpredigt ist eine Zusammenstellung von Gedanken und Worten, die Jesus von einem Berg aus an eine größere Menge von Menschen richtete. Sie enthält vieles, das für das Umsetzen von *Positiver Kommunikation* wertvoll erscheint. Manche Menschen argumentieren: Die Aussagen der Bergpredigt sind unrealistisch. Sie lassen sich in der heutigen Zeit nicht verwirklichen. Aber stimmt denn diese oft geäußerte Meinung? Prüfen Sie selbst.

»Alles nun, was Ihr wollt, dass Euch die Menschen tun sollen, das tut Ihr ihnen auch!«

(Matthäus 7,12)

Dieser von Jesus ausgesprochene Gedanke ist unter dem Namen »Goldene Regel« bekannt geworden.

Warum sollte dies nun nicht zeitgemäß sein? Warum sollten wir nicht dazu in der Lage sein, etwas zu tun, das wir uns von anderen wünschen? Aber noch etwas anderes ist mir wichtig, hier zu sagen, obwohl ich später noch weiter darauf eingehen werde. Lassen Sie sich nicht täuschen von dem Wort »auch« im Satz »... das tut Ihr ihnen auch!«. Auch bedeutet ebenso. Es heißt nicht, dass die anderen schon einmal anfangen können und wir es danach auch tun. Nein, wir sind aufgefordert, selbst zu beginnen.

Wenn ich mich hier auf die Bibel als Quelle des Guten und der Erkenntnis beziehe, dann heißt das nicht, dass ich meine, die Bibel sei die einzige Quelle für geistige Erkenntnis. Ja, ich bin überzeugt davon: Gott ist die Quelle des Guten. Und es ist meine Erfahrung, dass sich Gott auf vielerlei Art und Weise äußert. Dass Gott mit uns redet, wenn wir es nur hören wollen. Gott offenbart sich in vielen Religionen, und Er offenbart sich auch in anderen geistigen und auf den ersten Blick nicht geistig erscheinenden Werken. Meine persönliche Erfahrung ist, dass Wahrheiten und Positives nicht nur in einem einzigen Ansatz zu finden sind. Sucht, so werdet Ihr finden. Unsere Angst und Einseitigkeit hindern uns oft daran zu erkennen, wie vielseitig geistiges Wissen und das Angebot von Gott ist. Zu Recht könnte man jetzt zu bedenken geben: Woher weiß ich, auf was ich mich einlasse? Woher weiß ich, ob etwas von Gott kommt? Ja, wissen wir denn überhaupt, dass die Bibel von Gott stammt? Dies alles kann ein Mensch nur für sich selbst beantworten. Deshalb gilt für alles, was auf Sie zukommt, und auch für dieses Buch: Prüfen Sie. Prüfen Sie genau in Ihrem Inneren. Und entscheiden Sie dann für sich selbst: Ja, das führt mich auf einen guten Weg. Oder nein, davon nehme ich lieber Abstand. Wenn ich selbst prüfen möchte, ob etwas von Gott kommt, richte ich mich unter anderem hiernach: Was von Gott kommt, ist gut, hilfreich und achtet unseren freien Willen, beinhaltet also keine Unfreiheit und keinen Zwang.

Die Zukunft gestalten

Das Positive liegt also in jedem Menschen. Aber fangen wir damit immer das Richtige an? Schöpfen wir dieses positive Potenzial wirklich aus?

Die moderne Psychologie hat herausgefunden, dass Menschen den tiefen Wunsch nach Einfluss und Kontrolle in ihrem Leben haben. Untersuchungen haben gezeigt: Demjenigen geht es besser, der glaubt, Einfluss auf sein Leben nehmen zu können. In vielen geistig orientierten Büchern von unterschiedlichen Autoren findet sich immer wieder folgender Gedanke: Wir selbst sind die aktiven Gestalter unseres Lebens und unserer Zukunft durch unser eigenes Denken, Fühlen, Reden und Handeln. Diese Annahme steht hinter den meisten Büchern, die sich dem Positiven Denken widmen. Diese Gedanken werden etwa auch von dem Motivationstrainer *Jürgen Höller* aufgegriffen. Er beruft sich dabei auf die Bibel, die besagt, dass wir das ernten werden, was wir aussäen. Etwa der gleiche

Gedanke findet sich auch als eine der zentralen Botschaften in den Büchern von *Neale Donald Walsch*. *Neale Donald Walsch* hatte – so berichtet er – in einer ausweglosen Lebenssituation Gott einen verzweifelten und wütenden Brief geschrieben. Womit er nicht gerechnet hatte: Er bekam Antwort. *Walsch* ist seitdem überzeugt, Gespräche, ja sogar eine Freundschaft mit Gott zu führen. Die Bücher, in denen er davon berichtet, sind internationale Bestseller geworden.

Positive Kommunikation geht ebenfalls davon aus, dass wir durch unser Denken, Fühlen, Reden und Handeln unsere Zukunft beeinflussen können. Wenn wir also die »Goldene Regel« umsetzen und uns anderen gegenüber so verhalten, wie wir es gerne von ihnen erfahren möchten, dann können wir positiven Einfluss auf unsere Zukunft nehmen. In diesem Zusammenhang scheint mir noch ein anderer Gedanke wichtig: Wenn es stimmt, dass wir in der Gegenwart die Möglichkeit haben, uns auf die Zukunft auszurichten, dann bedeutet ein übergroßes Verharren in der Vergangenheit einen Stillstand.

Als ich dieses erkannte, bemerkte ich mit Schrecken, wie viel Energie ich bereits in meinem Leben auf die Vergangenheit gerichtet hatte. Wie ich auf der Stelle getreten war mit Gedanken, Gefühlen der Wut, der Trauer und des Ärgers über Dinge, die in meinen Augen hätten anders laufen sollen. Und wie ich dies auch meinen Mitmenschen kommuniziert hatte. Wir alle kennen Gefühle der Wut, der Trauer, des Ärgers und der Angst. Diese Gefühle in sich zu erkennen und zu akzeptieren, das ist ein erster Schritt. Ein zweiter Schritt kann jedoch darin bestehen, sie aktiv zu überwinden und durch andere, positivere Gefühle zu ersetzen. Wie dies geschehen kann, lässt sich nicht im Allgemeinen sagen. Jeder Mensch muss hier seine eigenen Strategien finden. Dies können Strategien sein, wie sie im psychotherapeutischen Bereich angewendet werden, oder auch Strategien im geistigen Bereich wie das Gebet. Wenn Sie selbst positiv eingestimmt sind und dies auch anderen Menschen kommunizieren, beeinflussen Sie Ihre Zukunft positiv. *Positive Kommunikation* ist also ein Ansatz, miteinander umzugehen, der durch die Gestaltung der Gegenwart positiv auf die Zukunft gerichtet ist.

Hinterfragen

Wenn wir im Sinne der *Positiven Kommunikation* unsere Zukunft gestalten möchten, sollten wir unsere Gegenwart überdenken. Tun wir das schon? Der Alltag vieler Menschen ist bestimmt durch immer wiederkehrende Handlungen, Gewohnheiten und Rituale. Unser täglicher »Trott« – macht er wirklich immer Sinn? Rituale im täglichen Leben können zweifelsohne etwas Schönes sein. Zum Beispiel, wenn ein Kind jeden Abend einen Gute-Nacht-Kuss bekommt. Dies vermittelt Liebe und Geborgenheit. Andere Gewohnheiten lassen bei einer Prüfung weniger Nutzen erkennen. Das in Freundesgruppen oft übliche gemeinsame Herziehen über andere Menschen mag zwar auf den ersten Blick recht lustig sein, aber ist es wirklich ein Erfolg, sich auf Kosten anderer groß zu fühlen? Gehen Sie in einer stillen Stunde ruhig mal Ihre lieben Gewohnheiten durch und prüfen Sie deren Wert. Ändern Sie daraufhin das, was Sie als nutz- und wertlos erkannt haben.

Umdenken

So, wie wir unseren täglichen »Trott« hinterfragen können und sollten, so können wir es auch mit unserem Denken und unseren Überzeugungen tun. Übernehmen wir nicht auch dort sozusagen gedankenlos oftmals die Ideen und Überzeugungen anderer, ohne sie wirklich geprüft zu haben? Nicht immer ist das, was die Mehrheit meint, wirklich wertvoll. Kann es richtig sein, Menschen wegen ihrer Religion, Rasse, Hautfarbe oder wegen irgendwelcher anderen Merkmale zu hassen, zu verfolgen, zu diskriminieren oder zu töten? Dies ist oft genug geschehen und ebenso eine Folge unseres Denkens.

Kürzlich stellte mir ein Journalist in einem Interview über Freundschaft die Frage: »Ist es nicht so, dass in unserer Zeit der starken Mobilität und der wachsenden Zerrissenheit von Lebensbiographien wahre, ein Leben lang andauernde Freundschaften gar nicht mehr möglich sind?« Die Frage war mir in ähnlicher

Form schon oft gestellt worden. Dieser Gedanke muss also vielen Menschen durch den Kopf gehen. Und wenn es nur oft genug in der Zeitung steht oder in anderen Medien zu sehen oder zu hören ist, glauben dann nicht noch mehr Leute daran?

Ich habe dieses Beispiel nicht nur gewählt, um zu zeigen, wie Meinungen entstehen können. Ich habe es auch gewählt, um zu demonstrieren: Unser Denken kann unsere Wirklichkeit beeinflussen. Und wenn unsere Wirklichkeit nicht so aussehen soll, wie es das Resultat unseres Denkens vermuten lässt, dann müssen wir umdenken. Niemand kann heute sagen, wie unsere Freundschaften in 100 Jahren aussehen. Auch Forscherinnen und Forscher können hierüber nur Vermutungen anstellen. Wie Freundschaften in 100 Jahren aussehen, das wird davon abhängen, wie jeder einzelne Mensch über Freundschaft denkt und sich in Freundschaften verhält. Wenn wir glauben, dass es wahre Freundschaft fürs Leben geben kann, werden wir unsere Freundschaften daraufhin gestalten, auch wenn wir einmal enttäuscht werden sollten oder selbst jemanden enttäuschen. Ich möchte Sie hiermit gerne ermutigen. Ich möchte Sie ermutigen, eigenständig zu denken, Sie dazu ermutigen, nicht die Meinung anderer, auch wenn es viele sind, einfach zu übernehmen. Das gilt für alle Themen. Aber das Buch in Ihrer Hand handelt von Kommunikation, von *Positiver Kommunikation*. Wenn es Ihnen richtig erscheint, denken Sie anders, denken Sie neu in Bezug auf Kommunikation. Denken Sie um!

Das Beste geben

Ein netter Kollege von mir sagte einmal auf die Frage, wie es ihm ginge: »Ach, ich wurschtele mich so durch.« Beruflich konnte er dies kaum ernst gemeint haben, denn er ist ein hervorragender und international anerkannter Wissenschaftler. Natürlich möchte ich meinen sympathischen Kollegen für diese Bemerkung keinesfalls kritisieren. Aber mir ist bei dieser Gelegenheit etwas klar geworden. Wenn wir von Leistungsgesellschaft sprechen, meinen wir meistens sachbezogene und nicht menschliche Leistungen. Es wäre falsch anzunehmen, ich wollte darauf hinaus, dass unser Verhalten im Menschlichen und im Kommunikativen eine Leistung im Sinne der auch oft kritisierten Leistungsgesellschaft darstellen soll. Gerade umgekehrt: Es ist im Sinne der *Positiven Kommunikation*, zwischenmenschlichen Stress abzubauen. Doch bedeutet *Positive Kommunikation*, dass wir einen hohen zwischenmenschlichen Standard anlegen. Mein Vorschlag lautet: Trauen Sie sich Ihr Bestes zu und geben Sie Ihr Bestes. Das tun Sie bereits? Vielleicht ja. Sie benutzen also keine Ausreden, keine kleinen Notlügen, sind nie unfreundlich, nie beleidigt oder nachtragend, sind nicht feige oder überheblich und und und? Ich habe durch Beobachtung und durch Arbeit an mir selbst festgestellt, dass ich noch nicht das Beste gebe und mich noch steigern kann. Ein weiteres Prinzip der *Positiven Kommunikation* ist also: sich nicht zu begnügen mit einem Mittelmaß, sondern im Umgang miteinander das Beste zu geben.

Wahrhaftigkeit

Das mit der Wahrhaftigkeit im Umgang miteinander ist keine einfache Sache. Soll man den anderen Menschen immer sagen, wie einem zumute ist? Soll man – wie es so schön heißt – alle Gefühle herauslassen? Oder soll man lieber schweigen, sich gar nichts anmerken lassen? Vielleicht können Sie sich vorstellen, dass dieser Punkt in meinen Kommunikationsseminaren mit Studentinnen und Studenten immer besonders heiß diskutiert wird. Oftmals bilden sich zwei Lager: Man muss reden, wie einem zumute ist, oder nein, das muss man nicht.

Was sagt die moderne Kommunikationspsychologie dazu? Dieses Problem wird oft mit dem Fachausdruck »Kongruenz« beschrieben, der auf den humanistischen Psychologen *Carl Rogers* zurückgeht. »Kongruenz« oder auch »Authentizität« bezeichnen den Grad der Übereinstimmung zwischen dem inneren Erleben eines Senders und seiner kommunizierten Botschaft. Die Kommunikationspsychologie schlägt nun vor, durch Selbstbeobachtung seinen eigenen Zustand zu erkennen und dann möglichst kongruent zu kommunizieren. Doch ist damit nicht eine rohe ungebremste Offenheit gemeint, die über den anderen Menschen hinwegrollt. Daher hat die Therapeutin *Ruth Cohn* den Begriff der »selektiven«, das heißt der auswählenden »Authentizität« geprägt. »Selektive Authentizität« beschreibt ein kommunikatives Verhalten, das einer Art Gratwanderung zwischen

Offenheit und Diskretion entspricht. Man muss nicht alles sagen, was man denkt oder fühlt. Aber was man dem anderen Menschen mitteilt, soll mit dem eigenen Erleben übereinstimmen. Der Kommunikationspsychologe *Friedemann Schulz von Thun* wählt nach dem Maßstab der Stimmigkeit aus, wie authentisch er kommuniziert. Stimmigkeit bedeutet für ihn, sich in Übereinstimmung mit der Gesamtsituation zu befinden:

> *»Mich fasziniert der Gedanke, dass es eine mir eigene existenzielle Leitlinie gibt, die meinem Leben Richtung, Sinn und ein bestimmtes ›Thema‹ gibt – und dass das Voranschreiten entlang und im Einklang mit dieser Leitlinie ›Stimmigkeitserlebnisse‹ mit sich bringt – hingegen die Entfernung davon zu ›Abweichungssymptomen‹ verschiedener Art und Tragweite ..., zu Lebenskrisen und Krankheiten führt.«*
>
> (Friedemann Schulz von Thun 1981/1998, Miteinander reden. Störungen und Klärungen, Seite 121)

Der Ansatz der *Positiven Kommunikation* hält zur Lösung des Problems der Wahrhaftigkeit im Umgang miteinander noch einige Vorschläge bereit. Bei der Beurteilung, wie offen Kommunikation sein soll, helfen die Grundsätze der Nächstenliebe und der Selbstlosigkeit. Es gilt dann, in der jeweiligen Kommunikationssituation zu prüfen, ob das eigene Verhalten diesen Maximen entspricht. So kann man sich zum Beispiel fragen: »Dient mein Wutausbruch eigentlich nicht nur meiner eigenen vermeintlichen Entlastung? Bezwecke ich mit Lüge, Unwahrheit oder Täuschung unlauteren Vorteil für mich? Denke ich daran, dass mein Gegenüber durch bestimmte Äußerungen vielleicht überfordert werden kann?« Bei solchem Abwägen hilft es, sich in die Rolle des anderen hineinzuversetzen und nicht nur immer die eigene Sichtweise in den Vordergrund zu stellen.

Nächstenliebe

Wir haben oft nur eine ungenaue Vorstellung davon, was das sein könnte. Mit Liebe verbinden wir oft die erotische Liebe oder die Liebe zu unseren Kindern und unserer Familie, vielleicht auch die Freundesliebe. Oft nehmen wir den Begriff »Nächster« sehr wörtlich, indem wir damit die uns unmittelbar umgebenden Menschen bezeichnen. Wer ist alles unser Nächster oder unsere Nächste? Es ist jeder andere Mensch – ohne Ausnahme. Es kann gar nicht anders sein, nicht nur, weil Jesus dies in seinem Gleichnis vom barmherzigen Samariter so sah (Lukas 10,25-37). Es kann gar nicht anders sein, weil alle Menschen in einem großen Sinn eine Gemeinschaft bilden. Scheinbar trennende Elemente wie Religion, Hautfarbe oder Nationalität lösen sich in ein Nichts auf unter veränderten Bedingungen. Stellen Sie sich vor, Sie hätten sich spät in der Nacht in einer Ihnen völlig unbekannten Stadt verirrt. Die Landessprache beherrschen Sie nicht, so dass Sie keine Schilder lesen können. Die Stadt scheint wie ausgestorben. Sie irren verzweifelt umher. Da, endlich, nach langer Zeit kommt jemand: Ihr Nächster.

Für manchen mag die Vorstellung, jede und jeder sei unser Nächster, fremd sein. Vielleicht wendet auch mancher ein: »Jeden lieben – das kann ich nicht. Ehrlich gesagt sind mir sogar einige Menschen recht unsympathisch.« Aus eigener Erfahrung weiß ich, dass man sein Denken und Fühlen hierzu ändern kann. Was kann dabei helfen? Stellen Sie sich vor, der Ihnen gerade unsympathisch wirkende Mensch sei derjenige, der Ihnen nachts in der fremden Stadt, in der Sie herumirren, begegnen kann. Und gerade sie oder er wird Ihnen helfen. Oder stellen Sie sich vor, der andere sei ebenso ein Mensch wie Sie, mit Stärken und mit Schwächen. Mir persönlich hilft die Vorstellung, dass wir alle Schwestern und Brüder im Geiste sind. Nächstenliebe hat so viele Facetten, dass man sie nicht alle aufzählen kann. Ein Mindestanspruch an Nächstenliebe aber scheint mir zu sein, in jedem anderen ein Wesen von Wert und Würde zu sehen. Außerdem ist es schön, wenn wir in unseren Herzen Zuneigung für jeden fühlen können.

Selbstlosigkeit

Selbstlosigkeit oder Uneigennützigkeit bedeutet, ohne die Erwartung eines Nutzens für sich selbst, ohne die Erwartung von Gegenleistung oder Dank überhaupt, ohne eine bestimmte Erwartung an andere zu denken, zu fühlen, zu reden oder zu handeln. Für die Beurteilung, ob etwas wirklich selbstlos ist oder nicht, spielt es keine Rolle, ob sich tatsächlich ein Nutzen ergeben hat. Wichtig ist, keine eigennützigen Motive an sein Handeln zu knüpfen. In diesem Punkt machen wir gern einmal Kompromisse. Das läuft dann vielleicht so ab: Ich tu dir jetzt einen Gefallen, und dann schuldest du mir bei einer anderen Gelegenheit auch etwas.

In der Psychologie führen Wissenschaftler eine Debatte, ob es wirkliche Selbstlosigkeit überhaupt gibt. Eine Gruppe von Forschenden, die sich dem Ansatz von *Charles Darwin* verpflichtet fühlt, argumentiert, es gebe nur Altruismus auf wechselseitiger Basis. Um im Endeffekt die eigene Art zu erhalten und die eigenen Gene weiterzugeben, unterstütze man sich gegenseitig. Andere Forschende glauben nicht, dass es echte Selbstlosigkeit gibt, weil solch uneigennützige Taten auch positiven Nutzen erzielen können. Wenn aber, so wird ins Feld geführt, eine selbstlose Handlung einen positiven Nutzen für den Handelnden ergebe, dann könne diese Tat nicht mehr als selbstlos bezeichnet werden. Wiederum andere Wissenschaftler sind davon überzeugt, dass es echte Selbstlosigkeit gibt. Sie glauben, dass es für selbstloses Handeln wichtig ist, sich in die Rolle eines anderen Menschen hineinversetzen zu können.

Gibt es nun bei Menschen echte Selbstlosigkeit oder gibt es sie nicht? Ich schlage vor: Machen Sie selbst das entscheidende Experiment. Handeln Sie ohne die Erwartung des eigenen Vorteils oder Nutzens. Nur Sie selbst wissen, ob Sie Erwartungen hegen oder nicht. Wenn dieses nicht der Fall ist, dann sind Sie ein Beweis dafür, dass es echte Selbstlosigkeit gibt. Sollten Sie eine positive Reaktion auf Ihr Handeln erfahren, dann freuen Sie sich.

Den freien Willen beachten

Der freie Wille ist eine Grundvoraussetzung für *Positive Kommunikation*. Diese Freiheit schließt aber gleichzeitig Verantwortung ein. Wir tragen Verantwortung für unser Leben – und zwar nur für unser eigenes. Eine Ausnahme hiervon bilden Eltern für ihre Kinder bis zu einem gewissen Alter. Aus dem Zusammenhang zwischen Freiheit und Verantwortung ergeben sich für die *Positive Kom-*

munikation zwei schwierige Fragen: Darf man anderen Menschen seinen Willen aufdrängen? Muss man sich von anderen Menschen alles gefallen lassen?

Die Frage, ob man in der *Positiven Kommunikation* anderen Menschen etwas aufdrängen darf, können Sie selbst beantworten. Mögen Sie es, wenn Ihnen etwas aufgedrängt wird? Die »Goldene Regel«, dass wir das anderen tun sollen, was wir uns von ihnen wünschen, bedeutet also die Respektierung des freien Willens. Und wenn es zum Besten der anderen ist? Darf man dann etwas aufdrängen? Wenn Sie im Sinne der *Positiven Kommunikation* handeln wollen, dann können Sie etwas anbieten, zum Beispiel Ihre Hilfe. Wird diese jedoch abgelehnt, drängen Sie nicht weiter, akzeptieren Sie dieses einfach. Das Akzeptieren des freien Willens anderer Menschen in der *Positiven Kommunikation* bedeutet schließlich auch die unbedingte Gewaltfreiheit: *Positive Kommunikation* schließt jede Form der psychischen oder physischen Gewalt aus.

Auch die Frage, ob man sich von anderen Menschen alles gefallen lassen muss, kann im Hinblick auf den freien Willen beantwortet werden. Dass wir den freien Willen besitzen, bedeutet die Möglichkeit, Grenzen zu setzen. In der Bergpredigt sagte Jesus:

»Es sei aber Eure Rede: Ja, ja! Nein, nein!«

(Matthäus 5,37)

Ich interpretiere dies so, dass wir Grenzen setzen können. Auch dabei kommt es natürlich auf das Wie an.

Positive Haltung anderen gegenüber

Mit positiver Haltung meine ich eine grundsätzlich positive Einstellung gegenüber anderen Menschen. Der humanistische Psychologe *Carl Rogers* hat diese für die psychotherapeutische Beziehung als bedingungsloses positives Annehmen des Klienten durch den Therapeuten bezeichnet. Eine positive Haltung gegenüber anderen Menschen meint: den anderen als gleichberechtigtes Wesen zu sehen und zu behandeln. Es schließt aus, sich anderen überlegen zu fühlen, schlecht von ihnen zu denken oder zu reden.

Selbstbestimmt handeln

»Wie du mir, so ich dir.« Das zitieren wir schon einmal, ohne weiter darüber nachzudenken. Und oft handeln wir auch danach – leider. »Wie du mir, so ich dir.« Das ist auch die Aussage der so genannten Austauschtheorien. Die Austauschtheorien haben ihren festen Platz innerhalb der psychologischen Wissenschaft. Sie gelten als vielfach belegt. In eine Kurzform gebracht, sagen sie Folgendes: Unsere zwischenmenschlichen Beziehungen kalkulieren wir nach einer Art Kosten-Nutzen-Modell, das ein Gleichgewicht im Geben und Nehmen mit anderen Menschen bevorzugt. Den Austauschtheorien zufolge tauschen wir alles Mögliche gewissermaßen unter ökonomischen Gesichtspunkten aus, z.B. Informationen, Zeit, Zuneigung, Interesse oder materielle Güter. Sehr viele wissenschaftliche Untersuchungen bestätigen die Angemessenheit der Austauschtheorien. Sind sie nun richtig? Sind sie unabänderlich?

Ich meine, Handeln im Sinne der Austauschtheorien, Handeln im Sinne des Wie-du-mir-so-ich-dir ist ein Ausdruck des Miteinanderumgehens in unserer derzeitigen Gesellschaft. Deshalb auch die Bestätigung durch viele wissenschaftliche Studien. Wir haben aber die Möglichkeit, uns anders zu verhalten, wenn wir dies wollen. Und warum sollten wir das nicht wollen? Denn: Der Ansatz »Wie-du-mir-so-ich-dir« heißt, dass wir unser Verhalten durch das Verhalten anderer bestimmen lassen und bestimmen lassen wollen. Wenn wir so handeln, handeln wir nur als Reaktion auf andere. Und warum handeln wir nicht selbstbestimmt?

Positiv zu kommunizieren heißt auch, selbstbestimmt zu handeln und selbst den Anfang in Richtung auf ein positives Miteinanderumgehen zu machen. Rechnen Sie also nicht kleinlich auf: Der andere war unfreundlich, jetzt bin ich auch unfreundlich. Oder: Der andere ist schlechter Laune, jetzt bin ich auch schlechter Laune. Lassen Sie sich Ihr Verhalten nicht von anderen diktieren. Seien Sie großzügig, seien Sie guter Laune – wenn *Sie* es wollen.

Mutig sein

Der junge Mann hielt einen abgewetzten Pappbecher in der Hand. »Haben Sie etwas Kleingeld für mich?« Und er setzte nach einer winzigen Pause hinzu: »Vielleicht kann ich auch einmal etwas für Sie tun.« Während ich nach den Münzen suchte, wusste ich, dass ich ihm schon öfter begegnet war. Dieses »Vielleicht kann ich auch einmal etwas für Sie tun« war mir im Gedächtnis geblieben. Plötzlich schoss mir ein Gedanke durch den Kopf: »Sie können auch jetzt schon etwas für mich tun.« Auf den überraschten Blick meines Gegenübers hörte ich mich sagen: »Sie können für mich beten.« Nichts hätte wohl schwieriger sein können. Dave, so möchte ich ihn hier nennen, schaute ernst: »Ich kann nicht beten. Ich weiß nicht, wie es geht. Ich habe es noch nie getan.«

Ich war berührt. Das bekannte ein Mensch in einer deutschen Großstadt. Wie mochte es wohl in seiner Familie mit dem Glauben ausgesehen haben? Wenn er überhaupt eine Familie gehabt hatte. Und wie unendlich viel

Glück hatte ich selbst gehabt, weil mit mir als Kind gebetet wurde, mir Gelegenheit gegeben wurde, Gott und Christus kennen zu lernen. Natürlich ist das keine Garantie, denn eine Weiterentwicklung des Glaubens liegt in unserer Hand als Erwachsene, aber es ist schon einmal eine Vorlage. Dave war tatsächlich interessiert. »Was will der denn hören, der Gott?« Ich fand, ich hatte mich schon ganz schön vorgewagt, doch jetzt wurde weit mehr Mut von mir gefordert. Ein Teil von mir wollte das Beten theoretisch erklären, doch ein anderer empfahl: Mach es vor. »Gott will nichts Bestimmtes hören. Sie können zu ihm ganz normal sprechen, laut oder in Gedanken. Wenn Sie möchten, können wir hier zusammen beten.«

So kam es, dass ich in einer belebten Einkaufsstraße ein Gebet sprach. Ich blickte dabei zu Dave und betete um Hilfe und Unterstützung für ihn. Kurz darauf verabschiedeten wir uns, und Dave sagte, er wolle es ausprobieren, das mit dem Beten. Getroffen habe ich ihn nicht mehr.

Können Sie sich vorstellen, dass ich danach unheimlich glücklich war? Und ich bin sicher, dass es auch Sie glücklich machen wird, wenn Sie mutig die *Positive Kommunikation* anwenden. Ich selbst habe noch keine schlechten Erfahrungen gemacht.

Fremde als Freunde sehen Fahren Sie manchmal mit der U-Bahn, dem Bus oder mit dem Zug? Dann können Sie die Zeit zu folgender Übung nutzen. Denken und empfinden Sie in Bezug auf die anderen anwesenden Menschen: Das sind alles meine Geschwister oder Freunde. Versuchen Sie, möglichst liebevolle Gefühle für alle zu entwickeln. Freuen Sie sich daran. Das Ziel ist, Verbundenheit mit allen Menschen zu spüren.

Lächeln Lächeln Sie mindestens einmal am Tag jemandem ganz bewusst zu. Lächeln Sie nicht nur äußerlich, sondern lassen Sie das Lächeln von innen und von ganzem Herzen kommen. Das Ziel ist zu erleben, dass man freundliche Gefühle für andere in sich selbst ohne äußeren Anlass erzeugen kann.

Übungen

Das
Umsetzen von
Positiver
Kommunikation

Ich liebe es, nach getaner Arbeit durch die Straßen zu ziehen. Die Begegnungen mit Menschen, der Natur und Gebäuden entspannen mich. »Stadtwandern« nenne ich das. Bei einer dieser Gelegenheiten schlenderte ich durch eine belebte Fußgängerzone. Da sprach mich eine sympathische junge Frau an. Ob ich zwei Minuten Zeit hätte? Ob ich denn hier aus der Stadt sei? Mein Blick muss etwa mittelfreundlich gewesen sein. Welche Partei oder welche Firma wollte mich denn da werben? Im Hintergrund sah ich einen Straßenstand, wie er bei Werbekampagnen benutzt wird. Später entdeckte ich, dass dort das Wort »Mut« stand. Innerlich seufzte ich, musste aber vor mir selbst zugeben, dass ich durchaus zwei Minuten Zeit hatte.

Sie habe, erklärte mir die junge Frau, einen gemeinnützigen Verein gegründet, dessen Ziel die Verbindung von Mensch, Tier und Umwelt in einer helfenden und heilenden Form sei. So hätten zum Beispiel Kinder die Gelegenheit, im Umgang mit Tieren Verantwortungsgefühl, Einfühlungsvermögen und Mitleidsfähigkeit zu erleben. Auch alten Menschen, die selbst kein Tier mehr haben können, wird Kontakt zu Tieren ermöglicht. Die Worte der jungen Frau fesselten mich. War dieser Verein nicht ein herrliches Beispiel dafür, wie kreativ man sich für *Positive Kommunikation* einsetzen kann? Ich hatte gleich zwei Lektionen gelernt. Die eine: Ich war innerlich ablehnend und gar nicht positiv gewesen. Die andere: Ich wusste doch, dass Gott immer mit uns spricht. Um ein Haar hätte ich wieder nicht zugehört.

Hilfen

Die Prinzipien der *Positiven Kommunikation* sind einfach. Dennoch scheint es für uns oft schwierig zu sein, sie im Alltag umzusetzen. Wenn dies nicht so wäre, würden wir oft anders miteinander umgehen. Deshalb brauchen wir Hilfen für das Umsetzen *Positiver Kommunikation*.

Eine erste wesentliche Hilfe kann die Ehrlichkeit mit sich selbst sein. Ehrlichkeit mit sich selbst in der Kommunikation mit anderen bedeutet, die Situation bewusst zu erleben und sich mit ihr kritisch auseinanderzusetzen. Das kann in der jeweiligen Situation selbst oder auch danach geschehen. Da Sie dies nur für sich in Ihrem Inneren tun, brauchen Sie nicht die Kritik anderer Menschen zu fürchten. Ehrlichkeit mit sich selbst kann verschieden aussehen. Man kann sich fragen: »Was ist mein Motiv dabei? Kann ich diese Handlung vor mir verantworten?«

Ehrlichkeit mit sich selbst führt zum bewussteren Denken, Fühlen, Reden und Handeln. Oft führt die dadurch gewonnene Erkenntnis auch dazu, nicht immer nur bei anderen die Schuld zu suchen. Ehrlichkeit mit sich selbst sollte aber nicht zur Folge haben, in deprimierte Stimmung über sich selbst zu geraten. Sie sollte eher optimistisch stimmen in dem Sinne: Das eine oder andere habe ich jetzt noch nicht so gut gemacht, aber beim nächsten Mal kann ich es sicher schon besser.

Eine zweite Hilfe für das Umsetzen *Positiver Kommunikation* nenne ich: »Einfach tun!« Damit meine ich, *Positive Kommunikation* einfach einmal auszuführen, einfach positiv zu kommunizieren. Und wieso soll das helfen? Dahinter liegt das psychologische Prinzip, dass man Verhalten in sehr, sehr kleinen Schritten lernen kann. Die Idee ist: Wenn erst einmal ein Anfang gemacht ist, fällt der Rest leichter. Sie wird in der Psychologie auch als »Fuß-in-der-Tür-Technik«

bezeichnet. Etwas Ähnliches wird als geistiges Prinzip in den Büchern »Gespräche mit Gott« von *Neale Donald Walsch* unter dem Begriff »Sein-Tun-Haben« vorgestellt. Inhalt dieser Bücher ist ein Dialog des Autors mit einer inneren Präsenz, die nach seiner Überzeugung Gott selbst ist. Auf die Frage von *Neale Donald Walsch*, wie er bestimmte Dinge in seinem Leben ändern könne, erhält er von Gott das Paradigma, also das Beispiel oder Muster: Sein-Tun-Haben.

Dieses wird so erklärt: Willst du zum Beispiel glücklich sein, dann entscheide als erstes, glücklich zu sein, handle dann, als ob du glücklich wärst, und schließlich wird sich das Glücklichsein einstellen. Wenn wir dieses Paradigma auf die *Positive Kommunikation* übertragen, könnte es so aussehen: Sei positiv gegenüber deinem Nächsten in Bezug auf Nächstenliebe und Selbstlosigkeit, handle dementsprechend, und *Positive Kommunikation* wird entstehen. Dahinter steht einmal mehr die Idee, dass wir in der Gegenwart unsere Zukunft gestalten können.

Als eine weitere Hilfe für das Umsetzen *Positiver Kommunikation* möchte ich das Gebet vorstellen. Ich glaube, wenn wir wirklich Gutes beabsichtigen, wenn unsere Taten mit dem Gottgewollten übereinstimmen, dann bekommen wir Hilfe. *Positive Kommunikation* möchte das Gottgewollte unterstützen. Nächstenliebe und Selbstlosigkeit, die Grundprinzipien der *Positiven Kommunikation*, interpretiere ich als gottgewollt. Wenn diese im Umgang miteinander ehrlich gemeint sind, dann besteht meiner Meinung nach eine Chance, sich im Gebet Unterstützung zu holen. Wie? Da kann ich nur aus meiner eigenen Erfahrung berichten. In Situationen, die mir schwierig erscheinen, bete ich innerlich kurz zu Gott oder Christus und bitte um Beistand. Ich erinnere mich an eine Situation, als ich nicht verzeihen konnte. Es erschien mir einfach nicht möglich. Nach längeren inneren Kämpfen wurde mir bewusst, dass ich es auch nicht wollte. Der erste Schritt also war, es selbst wirklich zu wollen. Dieser Schritt fiel mir sehr schwer. Als ich mich schließlich dazu durchgerungen hatte, es selbst zu wollen, bat ich Christus um Hilfe. Als ich denjenigen Menschen wiedertraf, merkte ich: Es führt kein Weg daran vorbei. Ich muss mich überwinden und es selbst tun. So nahm ich allen Willen, alle Kraft und alle Liebe, die ich aufbringen konnte, zusammen und streckte dem Menschen meine Hand entgegen. Dann ging alles ganz leicht. Wir versöhnten uns. Und eine unbeschreibliche Freude und Erleichterung erfüllte mich. Wenn ich diese Art der Gebetserfahrung, die ich oft hatte, noch einmal abstrakter beschreiben sollte, dann würde ich dies so tun: Wenn mein Wunsch dem entspricht, das gottgewollt ist, dann bekomme ich Kraft dafür, es umzusetzen. Ich muss es jedoch selbst tun.

Entschluss und Übung

Vielleicht ist Ihr Interesse geweckt an den Inhalten und Möglichkeiten der *Positiven Kommunikation*. Vielleicht möchten Sie Ihren Umgang mit anderen Menschen verändern – hin zu mehr Nächstenliebe und mehr Selbstlosigkeit. Wenn Sie den Entschluss gefasst haben, Ihr Kommunikationsverhalten zu verändern, oder wenn Sie unsicher und nicht ganz überzeugt sind: Probieren Sie es einfach aus. Positiv zu kommunizieren bedeutet, sich und die anderen besser wahrzunehmen. Positiv zu kommunizieren meint, zu üben und an sich selbst zu arbeiten. Positiv zu kommunizieren heißt aber auch, sich selbst und anderen viel Freude zu machen.

Vielleicht möchten Sie an dieser Stelle Beispiele dafür, wie *Positive Kommunikation* in der Praxis aussieht. Aber: Es gibt unendlich viele Beispiele für *Positive Kommunikation*, unendlich viele Varianten, positiv zu kommunizieren. Seien Sie also selbst kreativ. Finden Sie heraus, was Ihnen und anderen im Umgang miteinander gut tut und Freude bereitet.

Gute Stimmung und Harmonie

Neulich befand ich mich auf dem Weg zum Dienst: Die U-Bahn fiel wegen Bauarbeiten aus. Alles rannte zu einem Ersatzbus. »Hoffentlich bekomme ich den noch!« Drinnen herrschte drangvolle Enge, und es hätte durchaus eine Gelegenheit werden können, um bei vielen schlechte Laune hervorzurufen, wenn nicht dieser freundliche und lustige Busfahrer gewesen wäre. Er wandte sich auf das Herzlichste seinen Fahrgästen zu, erklärte alles, was man wissen musste, und machte auch noch einige nette Scherze. Die Stimmung im Bus war trotz der Umstände sichtlich gut. Ich dankte ihm beim

Aussteigen. »Ach was, das kostet doch nichts!« Stimmt, es kostet uns nichts, wenn wir gute Laune verbreiten und Harmonie ausstrahlen. Aber es bringt so viel.

Es kommt auf unsere Reaktion an

Auch meine nächste wahre Geschichte stammt aus dem Straßenverkehr. Es war auf meiner morgendlichen Jogging-Runde, als ich auf einem Fußgängerüberweg eine Straße kreuzte. Die Ampel zeigte Grün für Fußgänger. Da raste eine Taxe auf mich zu, hupte wie wild und fuhr im letzten Moment in einem Bogen um mich herum. Ein Passant meinte zu mir: »Der spinnt!« Meine eigene spontane Reaktion war Ärger. Gerade wollte ich mich dem Ärger hingeben. Da wurde mir bewusst: *Positive Kommunikation* schließt doch auch Denken und Fühlen ein. Gut, auch dieser rüde Taxifahrer ist geistig gesehen ein Freund von mir. Mir gefällt zwar sein Verhalten nicht, und ich möchte es auch nicht unterstützen, aber vielleicht braucht gerade er viel Positives.

Ich nahm mich zusammen und sandte dem Unbekannten freundliche Gedanken und Gefühle über Christus. Zunächst wollte der Ärger doch wieder hervorkommen. Ich betete, nahm einen neuen Anlauf. Es ging. Das Schöne daran war für mich, dass mich der Ärger nicht weiter quälte. Bei anderen Gelegenheiten dieser Art drehten sich nämlich sonst meine Gedanken und Gefühle weiter um den Vorfall. So vermieste ich mir dann selbst die Laune. Unser Verhalten braucht nicht davon abhängig zu sein, wie andere uns behandeln. Es kommt darauf an, wie wir reagieren. Befreit und fröhlich lief ich weiter.

Den Anfang machen

In meinen Kommunikationsseminaren mit Studierenden kommt es häufiger zu engagierten Diskussionen. Folgende Begebenheit ist mir besonders im Gedächtnis geblieben. Nach dem Essen in der Mensa muss ein jeder sein Tablett mit dem schmutzigen Geschirr auf ein Fließband stellen, das direkt zum

Abwasch führt. Man kann sich vorstellen, dass dort oftmals Gedränge und Lärm herrschen. Eine Angestellte gibt laut Anweisungen, damit das Ganze einigermaßen koordiniert abläuft. Diese Dame erregte die Gemüter der Studierenden. »Unfreundlich ist die. Sie raunzt uns an«, urteilten die Studenten. »Seid Ihr denn freundlich?« »Nö, warum soll ich freundlich sein, wenn jemand anders unfreundlich ist?« Das war für viele Seminarteilnehmer gar nicht einzusehen. Später dachte ich mehrfach darüber nach. Wir selbst können mit etwas Positivem den Anfang machen. Ich beschloss, von nun an die betreffende Dame immer freundlich zu grüßen.

Andere ermutigen

Auch wenn wir es manchmal nicht zugeben: Wir mögen Lob und Dank von anderen. Unterstützende, aufbauende und ermutigende Worte erfreuen uns. Anderen Menschen ergeht es ebenso. Deshalb ist es verwunderlich, dass bei uns so viel geschimpft und kritisiert wird. Wenn etwas schief gelaufen ist, bekommt man es sicher zu hören. Gutes wird oft als selbstverständlich hingenommen. Bei einem schlechten Service beschweren wir uns, bei einem guten schweigen wir. Deshalb habe ich mir vorgenommen, so oft ich kann, Lob, Dank und Anerkennung auszusprechen. Wichtig dabei ist, dass es wirklich von Herzen kommt.

Ich stand Schlange für eine Fahrkarte. Der Raum war voller Menschen, die Luft drückend. Man konnte förmlich die Ungeduld der Wartenden spüren. Ich dachte an diejenigen hinter dem Tresen. Es musste nicht einfach sein, hier seinen Job freundlich und gut zu machen. Jeder will schnell bedient sein, hat aber viele Wünsche, und hinterher soll alles stimmen. Mit meiner Fahrkarte in der Hand bedankte ich mich für den kompetenten und freundlichen Service. Die Schalterbeamtin hatte müde ausgesehen, irgendwie grau vor Erschöpfung. Doch auf einmal war ihr Gesicht wie verwandelt. Es lebte, war schön und gar nicht mehr grau.

Gutes tun

Natürlich tun wir alle Gutes. Häufig sogar. Dennoch möchte ich Ihre Aufmerksamkeit noch mehr auf die kleinen Dinge des Lebens lenken. Das Gute kommt nicht unbedingt großartig daher. Es hat vielerlei Gestalt in unserem Alltag. Wie wäre es zum Beispiel, wenn jeder von uns sich bewusst vornehmen würde, mindestens einem anderen Menschen am Tag eine Freude zu machen? Dies darf natürlich weder zur Pflicht ausarten noch für die Selbstdarstellung benutzt werden. Auch sollten wir damit niemanden bedrängen oder gar jemandem Unerwünschtes aufdrängen. Und woher weiß ich nun, was jemandem eine Freude machen kann? Dafür gibt es kein Rezept. Jeder Mensch ist anders. Es ist also günstig, sich in die Position des anderen hineinzuversetzen. Sich zu fragen: »Was würde ihr oder ihm eine Freude machen?« Man kann auch überlegen, was einem selbst gefallen würde. Aber Vorsicht: Nicht alles, was uns gefällt, gefällt auch anderen.

Nicht alles, was gut für uns ist, ist auch gut für andere. Wagen Sie es ruhig, auch mal etwas Ungewöhnliches zu tun. Wenn Sie aus der Idee der Nächstenliebe und der Selbstlosigkeit heraus handeln, dann haben Sie gute Chancen, dass Ihr Tun auch positiv aufgenommen wird.

Großzügigkeit

Großzügigkeit hat viele Gesichter. Großzügigkeit kann bedeuten: von Herzen etwas zu geben, etwas zu schenken, nicht kleinlich aufzurechnen oder bewusst über etwas hinwegzusehen. Übrigens kann jeder Mensch großzügig sein, auch derjenige, der wenig Geld hat. Denn man kann auch mit kleinen Geldbeträgen großzügig umgehen. Außerdem bezieht sich Großzügigkeit keineswegs immer auf etwas Materielles. Großzügig kann es z.B. auch sein, über einen kleinen Fehler eines anderen Menschen hinwegzusehen. Ein Missverständnis wäre es allerdings, anzunehmen, großzügig zu sein hieße oberflächlich und ungenau zu sein. Das kann nicht gemeint sein, denn positiv zu kommunizieren heißt ja, sich zu bemühen, das Beste zu geben.

Verzeihen

Manchmal können wir nur schwer verzeihen, denn wir sind gekränkt oder verletzt, und es fällt uns schwer, aus solchen Gefühlen herauszukommen. Psychologische Untersuchungen haben gezeigt, dass es uns leichter fällt zu verzeihen, wenn der Mensch, in dem wir einen Täter sehen, Fehlverhalten zugibt, Reue zeigt oder sich entschuldigt. Diese Verhaltensweisen bedeuten jedoch eine Art Schuldeingeständnis. Es ist aber oft gar nicht sicher, dass der Mensch, von dem wir uns verletzt fühlen, auch glaubt, uns verletzt zu haben. Die Perspektiven im zwischenmenschlichen Miteinander gehen oft weit auseinander. Außerdem ist es oft nicht einfach, sich zu entschuldigen. Denken Sie einmal an sich selbst in solchen Situationen. Entschuldigen und Verzeihen wird bei uns manchmal als

Schwäche oder Niederlage interpretiert. Doch ist es nicht eher eine Stärke, so etwas zu tun? Wir können weder davon ausgehen, dass sich andere immer bei uns entschuldigen, noch können wir von uns selbst behaupten, uns immer richtig zu verhalten. Deshalb ist gerade hier der Grundsatz der *Positiven Kommunikation* von der Unabhängigkeit und Selbstbestimmtheit des eigenen Verhaltens vom Tun und Lassen der anderen besonders wichtig. Das heißt: Wenn es nur irgend möglich ist, sollten wir verzeihen, auch ohne die Reue des anderen. Und umgekehrt: Wenn es darum geht, einen eigenen Fehler einzugestehen, dann können wir ruhig den ersten Schritt unternehmen.

Helfen

Anderen zu helfen und selbst Unterstützung zu erfahren, das sind wichtige Elemente des zwischenmenschlichen Miteinanders. Und natürlich ist Hilfe ein schönes Beispiel *Positiver Kommunikation*. Das ist ohne weitere große Worte einsichtig. Jedoch möchte ich noch einmal daran erinnern: Hilfe im Sinne der *Positiven Kommunikation* ist Hilfe ohne die Erwartung von Gegenleistung und Dank. Und der freie Wille des Einzelnen sollte beachtet werden. Das heißt, dass Hilfe angeboten werden kann, aber nicht aufgedrängt werden sollte. Übrigens: Manche Menschen helfen zwar gerne, doch sie können schwer Hilfe von anderen annehmen. Wenn Sie selbst dazu gehören, können Sie sich sagen, dass gegenseitige Hilfe zum täglichen Leben gehört und nichts Ehrenrühriges darstellt. Wenn Sie bei anderen erleben, dass Ihre Hilfe abgelehnt wird, seien Sie nicht beleidigt, sondern akzeptieren Sie es einfach. Und prüfen Sie noch einmal selbstkritisch, ob Sie Ihr Hilfsangebot angemessen formuliert haben.

Die psychologische Forschung hat viel über Helfen herausgefunden. Helfen bedeutet zunächst das Erkennen einer Notlage, in der sich ein anderer Mensch befindet. Ist diese erkannt, können aktive Schritte der Hilfe eingeleitet werden. In Untersuchungen wurde herausgefunden, dass wir je nach den Umständen mehr oder weniger geneigt sind zu helfen. Nicht so gerne helfen wir, wenn wir glauben, keine Zeit zu haben, wenn wir schlechter Stimmung sind, wenn viele andere Menschen dabei sind und wenn wir meinen, dass der Mensch in der Notlage diese selbst verschuldet hat. Diese Ergebnisse beruhen auf Beobachtungen, die Verhaltenstendenzen von uns zeigen. Aber, dass etwas oft so ist, heißt nicht, es sei unabänderlich. Helfen im Sinne der *Positiven Kommunikation* heißt deshalb, diese eigenen selbstgesteckten Grenzen zu überwinden. Wenn Sie möchten, können Sie also in der nächsten entsprechenden Situation versuchen, sich klarzumachen, warum Sie nicht helfen wollen. Fragen Sie sich, ob der von Ihnen erkannte Grund ein guter Grund ist, um nicht zu helfen. Überlegen Sie dann erneut, ob Sie nicht doch helfen wollen.

Humor

Was glauben Sie? Gehört Humor zur *Positiven Kommunikation*, oder ist *Positive Kommunikation* immer eine ernste Sache? *Positive Kommunikation*, so wie ich sie verstehe, ist ernsthaft. Aber sie muss nicht immer ernst sein. Humor im Rahmen der *Positiven Kommunikation* sollte natürlich die Prinzipien der *Positiven*

Kommunikation beherzigen. Damit entfällt jede Heiterkeit auf Kosten anderer, jeder Scherz, der andere herabsetzt oder verletzt.

Auf sich selbst achten

»Was soll man machen«, fragte mich eine Journalistin, »wenn die anderen ...«, und nun folgte eine Aufzählung von schlechten Gewohnheiten. Einfach nicht mitmachen, dachte ich im Stillen. So einfach ist das aber nicht. Denn oft merken wir gar nicht, dass wir bei Negativem mitmachen. Wir unterliegen einer seltsamen Täuschung: Die anderen streiten, aber wir nicht. Die anderen jammern, aber wir nicht. Die anderen erzählen die Unwahrheit, aber wir nicht. Den anderen kann man nicht trauen, wohl aber uns. Unsere Gesellschaft ist roh, aber wir sind feinfühlig. Merken Sie, dass da etwas nicht stimmen kann, wenn das alle denken? Und das denken fast alle.

Indem wir das Negative häufig nur bei anderen wahrnehmen und kritisieren und gleichzeitig uns selbst in einem zu rosigen Licht sehen, tun wir vielleicht unserem leicht irritierbaren Selbstwertgefühl vorübergehend einen momentanen Gefallen. Für die *Positive Kommunikation* ist es jedoch hilfreich, auf sich selbst zu achten. Damit meine ich nicht, permanent mit den Gedanken um das eigene Ich zu kreisen. Ich meine, sich selbst, sein eigenes Erleben und Verhalten zu beobachten, um es gegebenenfalls zu ändern.

Es ist nämlich so, dass wir ja eigentlich die anderen sind. Nur für uns sind wir ja wir selbst. Aber für alle anderen sind wir die anderen. Und für die können wir genauso, wie sie für uns, Anlass zum Ärger, zur Trauer oder zur Wut sein. Wir können diejenigen sein, die um Entschuldigung bitten sollten, weil wir etwas verpatzt oder weil wir jemanden verletzt haben, ohne es zu wollen. Für uns ist es oft schwer zu verzeihen. Noch schwerer ist es bisweilen, selbst um Verzeihung zu bitten. Zu sagen: »Es tut mir leid, entschuldige bitte!« Wir schämen uns, es ist uns peinlich, und deshalb kommunizieren wir dieses oft lieber gar nicht. Wir setzen sogar Freundschaften aufs Spiel durch unser Schweigen. Auf sich selbst zu achten, hat den Vorteil, die eigenen Verhaltensweisen zu erkennen und ins Positive wenden zu können. Oft gehört Mut dazu, Fehler zuzugeben. Aber meine Erfahrung ist, dass die meisten Menschen darauf freundlicher reagieren als erwartet. Ich las einmal: »Was nützen Anti-Kriegs-Demonstrationen, wenn wir selbst im Kleinen keinen Frieden halten können?« So kann man es auch umschreiben.

Freude machen Machen Sie eine Liste mit der Überschrift: »Wie kann ich anderen eine Freude machen?« Schreiben Sie alles auf, was Ihnen einfällt. Ziel der Übung ist, Ideen für *Positive Kommunikation* zu gewinnen.

Etwas Neues ausprobieren Probieren Sie jeden Tag eine positive Handlung aus, die normalerweise nicht zu Ihrem Alltag gehören würde. Erinnern Sie sich abends bewusst daran. Wie war es? Was hat sich daraus ergeben? Das Ziel ist, neue Handlungsmöglichkeiten zu erleben.

Was verhindert *Positive* **Kommunikation?**

Wie schon gesagt, *Positive Kommunikation* ist Denken, Reden, Fühlen und Handeln auf der Basis von Nächstenliebe und Selbstlosigkeit. *Positive Kommunikation* versteht sich als eine Ergänzung von Ansätzen der Kommunikationspsychologie und gleichzeitig als praktischer Kommunikationsansatz für den Alltag. Positiv zu kommunizieren heißt, eine ethische Basis für den Umgang miteinander zu akzeptieren. Die Grundgedanken der *Positiven Kommunikation* sind also denkbar einfach. Ebenso einfach sollte das Umsetzen der *Positiven Kommunikation* sein. Wenn wir allerdings unser eigenes kommunikatives Verhalten und das unserer Mitmenschen betrachten, können wir zu dem Schluss kommen, dass die einfachen Grundsätze der *Positiven Kommunikation* oft nicht erkannt oder nicht beherzigt werden. Was hindert uns an der *Positiven Kommunikation*? Die erste Antwort: Eigentlich gar nichts. Wie der Psychologe *Viktor E. Frankl* zeigte, besitzen wir selbst in den entsetzlichsten Situationen die innere Freiheit, uns zu den gegebenen Verhältnissen so oder so einzustellen. Wir können also auch in negativen Situationen anstreben, dass von uns selbst etwas Positives ausgeht. Was hindert uns dennoch an der *Positiven Kommunikation*? Ich glaube, einige Stolpersteine und Hürden entdeckt zu haben. Und ich möchte Hilfen zu deren Überwindung geben.

»Ich will nicht«

Ganz klar: *Positive Kommunikation* ist kein Zwang. Sie basiert auf absoluter Freiwilligkeit. Wenn der Ansatz der *Positiven Kommunikation* jemanden nicht überzeugt, ist das vollkommen akzeptabel. Interessant ist es vielleicht, sich über die Gründe des »Ich-will-nicht« Gedanken zu machen.

»Ich bin schon positiv genug«

In einer wissenschaftlichen Studie wollte ich herausfinden, was Menschen über mitmenschliche Güte denken. Also startete ich eine Straßenumfrage. Zufällig ausgewählten Passantinnen und Passanten wurden dabei drei kurze Fragen gestellt. Eine der Fragen lautete: »Würden Sie sich aktiv ändern, um gütiger zu werden?« Durch das Studium von Fachliteratur und durch eigene Beobachtungen war ich zu dem Schluss gekommen, dass Güte in unserer Gesellschaft eine untergeordnete Rolle spielt und als vergessenes Prinzip bezeichnet werden kann. Mit meiner Frage wollte ich feststellen, inwieweit Menschen selbst zu einer Änderung bereit waren. Doch ich erlebte eine Überraschung. Etwa die Hälfte meiner Befragten fand diese Frage vollkommen überflüssig. Sie seien nämlich schon gütig. Ich dachte darüber nach. Die Antworten waren sicher ehrlich gemeint. Ich zweifelte dennoch. Wäre wirklich die Hälfte der hier lebenden Menschen so gütig, sähe es dann bei uns nicht anders aus?

Meine Vermutungen sind: Güte wird bei vielen in etwa mit Freundlichkeit gleichgesetzt. Und außerdem kann man sich leicht über sich selbst täuschen. Ich kenne das von mir: Ungeduld in Warteschlangen, Ärger und Unmut über andere Menschen. So etwas kommt einem im Alltag kaum zum Bewusstsein. Wäre wirklich die Hälfte aller Menschen bei uns so gütig, wie sie glaubt, dann gäbe es sicher weniger Rücksichtslosigkeit und krassen Egoismus.

Mit diesem Beispiel will ich zeigen, dass immer noch etwas zu verbessern ist, auch wenn man von sich selbst glaubt, bereits ein guter Mensch zu sein. Natürlich gibt es viele gute Menschen, und ein positives Bild von sich selbst zu haben, ist nicht falsch. Wenn dies aber zu der Überzeugung führt, man sei schon gut genug, kann sich eine solche Einschätzung als Hindernis und Stolperstein für weitere Arbeit an sich selbst auswirken. Als Gegenmittel schlage ich vor: Überprüfen Sie sich. Beobachten Sie sich im Alltag. Beobachten Sie einfach Ihre normalen Reaktionen. Und beurteilen Sie dann für sich selbst, wie positiv Sie wirklich waren.

Vermeintliche Schwäche

Bei uns werden oft Eigenschaften wie Rücksichtnahme, Güte, Ehrlichkeit oder Altruismus als Schwäche angesehen. Sprüche wie »Der Ehrliche ist der Dumme« verharmlosen Unehrlichkeit und laden uns geradezu zu solchem Tun ein. Denn wer möchte schon dumm sein? Solche und ähnliche Allgemeinplätze werden von uns oft unkritisch übernommen. Dabei wäre es gut zu hinterfragen, ob deren Inhalt überhaupt stimmt.

Glücklicherweise lassen wir uns nicht nur von der Überzeugung leiten, dass bestimmte Eigenschaften Schwäche bedeuten. Ein Beispiel dafür ist unsere Bewunderung für Menschen, die gerade diese Eigenschaften in hohem Maße zu besitzen scheinen, wie etwa Mutter Theresa. Kaum einer würde wohl auf die Idee kommen, sie als schwach zu bezeichnen. Die inzwischen verstorbene Mutter Theresa hat sich aufopfernd für die Ärmsten der Armen eingesetzt. Sie hat es geschafft, mithilfe ihres tiefen Glaubens und ohne ihre eigene Person in den Vordergrund zu stellen, viele Menschen für ihre gute Sache zu gewinnen.

Wir stehen also oft an einem Scheideweg unserer Überzeugungen, ob gute Eigenschaften Schwäche bedeuten oder nicht. Ich meine, Eigenschaften wie Güte oder Nächstenliebe bedeuten sogar besondere Stärke. Sie bedeuten deswegen Stärke, weil sie nicht als Reaktionen im Sinne eines berechnenden »Wie-du-mir-so-ich-dir« zu verstehen sind. Wer nicht in dieser Form der Abhängigkeit handelt, so wie es auch die *Positive Kommunikation* vorschlägt, handelt aus sich selbst heraus, unabhängig vom Verhalten anderer. In meinen Augen bedeutet dieses Stärke. Aber testen Sie es doch einmal selbst. Nehmen Sie dabei Ihr Gefühl zu Hilfe. Wie fühlen Sie sich, wenn Sie, zum Beispiel, rücksichtslos vorgegangen sind? Wie fühlen Sie sich, wenn Sie rücksichtsvoll gehandelt haben?

Pessimistische Grundhaltung

Oft hört oder liest man folgende Meinung: »Das Schlechte gehört zur Natur des Menschen. Es hat immer Krieg und Aggression gegeben, und es wird sie geben, solange sich Menschen auf diesem Planeten aufhalten.« Oft stehen hinter einer solchen Ansicht Gesinnungen, die auf ein Recht des Stärkeren pochen. Auch biologisch motivierte Ansätze kann man im Zusammenhang mit einer eher pessimistischen Grundhaltung zur Natur des Menschen sehen. Viel diskutiert wird in der Psychologie die so genannte »Evolutionäre Sozialpsychologie«. Basierend auf der Evolutionslehre von *Charles Darwin* ist die Kernaussage der Evolutionären Sozialpsychologie, dass unser Verhalten von dem – nicht bewussten – Wunsch dominiert wird, unsere Gene weiterzugeben. Eine Annahme der Evolutionären Sozialpsychologie, die daraus folgt, ist zum Beispiel, dass wir eher geneigt sind, Blutsverwandten zu helfen. Blutsverwandte haben ähnliche Gene wie wir, und wenn wir ihnen helfen, sorgen wir damit dafür, dass es auch für unsere eigenen Gene von Vorteil ist. In dem Denksystem der Evolutionären Sozialpsychologie gibt es keinen Raum für echte Selbstlosigkeit. Geholfen wird nach dem Prinzip des so genannten »reziproken Altruismus«. Das bedeutet soviel wie: Wenn ich dir helfe, wirst auch du mir helfen. Wenn du mir hilfst, werde auch ich dir helfen.

Diese und ähnliche Denkansätze können bei Menschen zu einer insgesamt pessimistischen Grundhaltung führen, was die wahre Natur des Menschen anbelangt. »Wir sind halt so.« Achselzucken. »Da kann man nichts machen.«

An das Gute in uns selbst und allen anderen Menschen zu glauben, erschweren uns auch die Beobachtungen von Aggression, Krieg, Gewalt, Egoismus und Rücksichtslosigkeit. Es gibt jedoch keinen Beweis dafür, dass etwas, das in der Geschichte der Menschheit bisher immer so war, auch in Zukunft weiter so bleiben muss. Alternativen zu dieser negativen Mentalität gibt es in der philosophischen und geistig-religiösen aktuellen und klassischen Literatur zur Genüge. Die Vergangenheit als ein Argument einzusetzen, dass es für den Menschen auch in Zukunft so sein wird, ist dann überzeugend, wenn sich die Menschen in der Gegenwart und in der Zukunft genauso verhalten, wie sie es in der Vergangenheit taten. Ich meine, dass sich unsere Gegenwart deshalb so gut von der Vergangenheit ableiten lässt, weil wir uns in der Tat gleich oder ähnlich verhalten. Auf Gewalt reagieren wir nach wie vor mit Gewalt, auf Aggression nach wie vor mit Aggression. Nur vereinzelte Menschen haben bislang wirklich die Lehre der Liebe von Jesus oder Propheten anderer Religionen gelebt. Aber erst, wenn wir alle nach Gottes Gesetzen der Liebe leben, können wir sagen: »Es hat funktioniert.« Oder: »Es hat nicht funktioniert.« Erst dann können wir entscheiden: Die Vergangenheit und die Gegenwart haben die wahre Natur des Menschen gezeigt – oder nicht. Es liegt in der Entscheidung eines jeden selbst, ob sie oder er zu der pessimistischen Grundhaltung neigt. Und es liegt im Denken und Handeln eines jeden, die Waagschale in diese oder jene Richtung zu beeinflussen.

Warten auf die anderen

Ein Grund, weshalb wir oft Dinge nicht tun wollen, ist unser Wunsch, dass andere Menschen mitmachen. Wir denken dann zum Beispiel: »Warum soll ich es tun, wenn es sonst niemand tut? Es nützt nicht, wenn nur ich handle. Sollen sich doch die anderen erst ändern, dann mache ich auch mit.« Merken Sie, was passiert, wenn wir so denken? Wir treten auf der Stelle und erstarren in Gleichgültigkeit. Zum Glück hat es immer wieder Menschen gegeben, die aktiv Änderungen herbeigeführt haben, auch wenn sie damit zuerst allein zu sein schienen. So ist es uns etwa mit dem Umweltschutz ergangen. Nach einem zögerlichen Beginn gibt es bei uns nun immer mehr Menschen, die bewusst zum Schutz der Natur beitragen.

Am Beispiel des Umweltschutzes kann man auch lernen, wie man sich gegen Gedanken wie »Ich bin doch ganz allein« zur Wehr setzen kann. In Untersuchungen zum Umweltbewusstsein und zum Umwelthandeln haben andere Forscher und auch ich selbst herausgefunden, dass man sich dann aktiv einsetzt, wenn man glaubt, sein eigenes Handeln hätte einen Einfluss. Dass wir Einfluss nehmen können, vor allem auf unser eigenes Leben, und dass wir unsere Zukunft mitgestalten können – für diese Überzeugungen setzt sich dieses Buch ein. Und es möchte auch helfen mit den Ideen: Wir sind verantwortlich für unser Leben. Wenn wir unser Verhalten nur nach dem Verhalten anderer ausrichten, sind wir abhängig und unfrei.

Gewohnheit und Gleichgültigkeit

Die »liebe« Gewohnheit – sie macht unser Leben gleichzeitig leicht und schwer. Leicht, weil wir uns in der Gewohnheit sicher fühlen und unseren Alltag kennen und meistern können. Schwer, weil die Gewohnheit ein Hindernis sein kann, eingetretene Pfade zu verlassen. Dass dieses manchmal nötig ist, zeigen uns dann erst Lebensereignisse, die uns aufrütteln. Gleichgültigkeit ist eine Eigenschaft, die wir für wenig erstrebenswert halten – außer vielleicht, wenn Gleichgültigkeit uns helfen kann, in extremen Situationen zu überleben. Zum Glück befinden wir uns aber nicht häufig in solch extremen Lagen.

Um nicht in Gewohnheit und Gleichgültigkeit zu erstarren, wäre es wichtig, die eigenen Gewohnheiten zu prüfen und zu fragen, ob sie nützlich sind oder nicht. Von Unnützem oder gar Schädlichem kann man sich getrost trennen. Dieser Platz kann dann mit etwas Neuem gefüllt werden – zum Beispiel mit *Positiver Kommunikation*.

Angst, Zweifel und Unsicherheit

Stellen Sie sich Folgendes vor: Sie sitzen gemütlich beim Abendessen. Da dringen Hilferufe an Ihr Ohr. Eine Frau schreit verzweifelt mit erstickter Stimme. Bei ihr scheint ein Mann zu sein, der sie offenbar bedrängt. Sie wissen nicht, was Sie tun sollen. Es sind ja noch andere Nachbarn da, die sich kümmern werden. Später erfahren Sie: Die Frau wurde ermordet.

Niemand von den vielen Menschen, die die Frau gehört haben, hat eingegriffen. Dieser authentische Fall aus Amerika hat eine Welle von Forschungen über Hilfsbereitschaft ausgelöst.

Wenn mehrere Menschen in einer Situation von Angst, Unsicherheit und Zweifel befallen sind, kann dies zum Unterlassen von hilfreichen Handlungen führen. Diese Beobachtung wird mit dem Fachwort »pluralistische Ignoranz« bezeichnet.

Ein anderes Phänomen, das ebenfalls zum Unterlassen von Hilfeleistungen von Menschen in Gruppen führen kann, ist die so genannte »Verantwortungsdiffusion«. Wenn nur ein Mensch da ist, um Hilfe zu leisten, fühlt dieser Mensch sich eher verantwortlich. Sind jedoch mehrere Menschen da, können ja auch die anderen Verantwortung übernehmen. Auf diese Weise zerstreut sich die Verantwortung, sie diffundiert. Was hilft, ist, sich diese psychologischen Mechanismen klar zu machen und ihnen aktiv entgegenzuwirken. Eine andere ganz praktische Hilfe sind spezielle Trainings, die Zivilcourage und Eingreifen fördern und die bisweilen in großen Städten angeboten werden.

Stress

Hetze, keine Zeit und viel Stress – das ist heute das Lebensgefühl vieler Menschen. Wir wirbeln herum, kennen kaum noch Pausen, sei es im Beruf oder im Privatleben. So schön und nützlich Aktivität sein kann: Wenn sie uns keine Ruhe mehr gönnt, keine Zeit zum Ausspannen oder Nachdenken, dann ist eine Lebenssituation erreicht, die uns schaden kann. Wirklicher Stress – also nicht nur eine positive Herausforderung, die wir zu bewältigen glauben – führt zu Alarmreaktionen von Seele und Körper wie Erkrankungen, Schlaflosigkeit und der Angst zu versagen. Das immer stärker werdende Gefühl, ohnehin kaum mehr alles zu schaffen und in einer erdrückenden Flut von Informationen zu ertrinken, wirkt lähmend. Wen wundert es, dass dann den meisten Betroffenen nicht der Sinn nach noch mehr Neuem steht? Froh, den vielfältigen Anforderungen gerade noch gerecht zu werden, müssen diese Menschen mit ihren Kräften haushalten. Für

Neues und Ungewöhnliches bleibt da oft weder Zeit noch Energie.

Nur – was gibt uns Kraft? Ständiger Zeitdruck und andauernder überfordernder Stress entziehen uns Kraft. Wie ein Schrei in der Not wirkt das große Interesse an Büchern, die uns Hilfe anbieten, besser mit unserer Zeit umzugehen, sie besser zu »managen«. Zentral ist es dabei auch, sich über die Inhalte des einzelnen Tages und des eigenen Tuns Gedanken zu machen. Ist wirklich alles so wichtig? Nach welchen Erlebnissen fühlen wir uns gut und mit neuer Energie versorgt? So, wie wir in einen negativen Kreis der Erschöpfung und des Ausgelaugt-Seins kommen können, so ist es auch möglich, in eine positive Spirale zu gelangen. Wissenschaftliche Untersuchungen haben gezeigt, dass wir eher geneigt sind, spontan zu helfen, wenn wir guter Stimmung sind. Und umgekehrt: Haben Sie es nicht selbst schon festgestellt, dass ein positives Miteinander gute Laune macht? Es kommt auf den Versuch an: trotz Stress Zeit zu haben, positiv zu handeln und die eigene Reaktion zu beobachten.

Um sich selbst kreisen

Manchmal hat man den Eindruck: Jeder lebt in seiner eigenen kleinen Welt. Unsere eigenen Angelegenheiten sind uns am wichtigsten. Sie beherrschen oft unser Denken, Fühlen und Handeln. Auch die Angelegenheiten anderer betrachten wir oft von unserem eigenen Standpunkt aus. Manchmal bleibt kein Raum mehr dafür, sich in andere Menschen hineinzuversetzen. Besonders wenn wir in schlechter Verfassung sind, wollen wir uns ungern um andere kümmern. »Wenn es mir wieder besser geht, dann werde ich es tun.« So habe ich schon gefühlt. Aber ich habe festgestellt, dass es besser ist, nicht einen Zeitpunkt in der Zukunft abzuwarten, sondern gleich zu handeln. Das heißt: sich nicht zu sehr den eigenen Problemen hinzugeben, sich selbst von außen zu betrachten und zu versuchen, sich in die Lage anderer hineinzuversetzen. Und sich ganz bewusst zu sagen: »Ich werde mich jetzt erst recht positiv einstimmen.« Das geht. Außerdem gibt es immer so manches Gute, für das wir dankbar sein können. Sich das ganz intensiv vor Augen zu führen, hilft oft, sich aus einem Loch wieder herauszuholen.

Neid und Missgunst

Auch Neid und Missgunst können uns an der *Positiven Kommunikation* hindern. Diese Gefühle machen unser Herz klein und unser Denken kleinmütig. Warum sollten wir anderen Gutes erweisen? Die haben doch sowieso genug und auf jeden Fall mehr als man selbst. Auch wenn Gefühle wie Neid und Missgunst häufig vorkommen, können wir dennoch feststellen, dass sie uns nicht helfen. Sie nützen uns nicht, weil wir dadurch auch nicht das bekommen, was wir anderen neiden. Und sie nützen uns nicht, weil wir uns durch sie nicht besser, sondern schlechter fühlen. Es kann harte Arbeit bedeuten, Neid und Missgunst zu überwinden. Versuchen Sie es einmal so: Denken Sie mit der größten Liebe, die Sie aufbringen können, an den oder die

Menschen, die Sie beneiden. Freuen Sie sich ganz intensiv mit ihnen. Wünschen Sie ihnen von ganzem Herzen alles Gute.

Rückschläge und Resignation

Was nun, wenn es trotz aller Bemühung in der *Positiven Kommunikation* Rückschläge gibt? Wie auch bei anderen Gelegenheiten im Leben ist es wichtig, nicht gleich aufzugeben. Besinnen Sie sich auf das, was gut gelaufen ist. Denken Sie an die Hilfen, die Sie bekommen können. Und wenn Sie mögen, kommunizieren Sie weiter positiv.

Übungen

Barrieren erkennen Wählen Sie von den Hinderungsgründen für Positive Kommunikation denjenigen aus, von dem Sie meinen, er träfe am meisten auf Sie zu. Überlegen Sie und schreiben Sie auf, welche Beispiele Sie dafür erlebt haben und welche Mechanismen ihnen zugrunde liegen könnten. Machen Sie dann eine Liste von Gegenstrategien. Sie können auch mit weiteren Hinderungsgründen so verfahren. Das Ziel dabei ist, Barrieren Positiver Kommunikation zu erkennen und abzubauen.

Gute Gedanken verschenken Beschenken Sie alle Mitmenschen, auf die Sie treffen, mit guten Gedanken oder Gebeten. Das Ziel ist, an einer positiven Umgebung mitzuwirken.

Übungen

Positive **Kommunikation**

in schwierigen Situationen

Eigentlich wollte man nur beisammen sein und sich gut unterhalten. Doch dann nahm alles eine ganz andere Wendung. Keiner weiß mehr genau, wie es eigentlich dazu kam. Man redete über Politik, diskutierte hitzig. Ein Wort ergab das andere. Schließlich wurden Beleidigungen ausgetauscht. Man trennte sich im Bösen. Funkstille. Freundschaft am Ende?

Solche Szenen sind alltäglich. Oftmals wird ein Streit bereinigt oder mit einem »Schwamm drüber« vergessen. Manchmal jedoch steigert sich das Geschehen weiter und weiter. Und je nach Größendimension kann es zu juristischer Auseinandersetzung, Hass, Gewalt, Rache oder gar zum Krieg führen. Aus Kommunikationsproblemen haben sich schon viele weitere Schwierigkeiten im zwischenmenschlichen Zusammenleben ergeben. Dass Störungen und Probleme in der Kommunikation häufig an der Tagesordnung sind, wissen moderne Kommunikationspsychologen. Einige aktuelle Schlagworte sind: Konfliktmanagement – Wie geht man mit Konflikten um? – Verhandeln – Wie führt man erfolgreich eine Verhandlung? – Mediation – Wie einigen Parteien sich außergerichtlich mithilfe eines professionellen Helfers? – Strategien gegen Mobbing – Wie setzt man sich im Arbeitsleben zur Wehr bei lang andauernden Schikanen und Versuchen der Ausgrenzung?

Zu diesen und anderen Themen bei Problemen in der Kommunikation stehen einem viele empfehlenswerte Fachbücher zur Verfügung. Auch kann man bei aktuellen Schwierigkeiten immer erwägen, professionelle Kommunikationsfachleute zurate zu ziehen. Mein Buch kann und möchte spezielle Fachliteratur zu diesen Themen oder professionelle Hilfe nicht ersetzen. Es stellt aber die Frage: Was kann *Positive Kommunikation* speziell in schwierigen Kommunikationssituationen beitragen?

Schwierige Kommunikationssituationen

Wann ist eine Kommunikationssituation schwierig? Ganz einfach ist dies nicht zu beantworten. Denn wie im Beispiel oben kann auch eine einfach erscheinende Situation plötzlich umkippen und zum Problem werden.

Von den vielen Gründen, die Kommunikation erschweren können, gebe ich hier einige Beispiele:

Durch unterschiedliches Sprachverständnis kann es zu Missverständnissen kommen; innere Konflikte eines Senders können zu Unentschiedenheit, unklarer und unangemessener Kommunikation führen; gegensätzliche Interessen bergen das Potenzial für Konflikt und Streit.

Je nachdem, wie weit eine schwierige Situation fortgeschritten ist, kann man entweder versuchen, einen Konflikt ganz zu verhindern oder, im Falle eines bereits bestehenden Konfliktes, diesen bestmöglichst zu lösen. Diese beiden Strategien sind deswegen ratsamer, weil weiter anstachelndes, bewusst schädigendes und damit inkompetentes Konfliktverhalten auf einen selbst zurückfällt. Doch gerade in schwierigen Kommunikationssituationen verlassen uns oft Ruhe, Ausgewogenheit und Besonnenheit. Das liegt daran, dass solche Situationen wie geschaffen sind, um in uns Gefühle des Zorns, des Ärgers, des Rechthaben-Wollens, aber auch der Hilflosigkeit, des Erlebens von Ungerechtigkeit oder der Traurigkeit aufsteigen zu lassen. Es ist durchaus angemessen, sich diese Gefühle einzugestehen, weil kompetente Kommunikation auch auf genauer Wahrnehmung von sich selbst und anderen beruht. Diese Gefühle jedoch als Triebfeder für Handlungen zu benutzen, kann sich fatal auswirken. Kurzschlusshandlungen, die noch mehr zerstören, können die Folge sein. Es kommt zur Eskalation, einer stufenweisen Steigerung der Situation und der von den Beteiligten angewandten Mittel. Eskalation sollte aber tunlichst vermieden werden. Das Zauberwort der modernen Kommunikationspsychologie für die Lösung von Konflikten heißt »Deeskalation«.

Deeskalation

Unter Deeskalation versteht man die stufenweise Verringerung von Konflikten und damit auch die stufenweise Verringerung der Mittel, die von den Parteien im Rahmen des Konfliktes eingesetzt werden. Die Unternehmensberaterin und Managementtrainerin *Hedwig Kellner* beschreibt fünf Grundsätze als Basis für ein vernünftiges Herangehen an Konflikte:

1. Man sollte strategisch denken. Oftmals möchten sich Streithähne gegenseitig einen Denkzettel verpassen. Davon ist jedoch abzuraten, denn

meistens muss man ja auch in Zukunft weiter miteinander umgehen und leben. Man sollte sich also nicht von seinen Gefühlen überwältigen lassen und als Folge Unbedachtes tun. Strategisch zu denken bedeutet in diesem Zusammenhang, auch die Zukunft in sein Handeln einzubeziehen.

2. Man sollte möglichst keine Gefühle verletzen. Die Konfliktgegner zu beleidigen oder bewusst zu verletzen, bedeutet ein erneutes Schüren von Demütigung oder Hass. Die Folge ist eine weitere Eskalation des Konfliktes. Deshalb sollte das eigene Verhalten nicht auf die Herabwürdigung der Person des anderen, sondern auf ein positives Ergebnis im Rahmen des Konfliktes abzielen.
3. Man sollte auf Empfindlichkeiten verzichten. Nicht nur man selbst, sondern auch die anderen entwickeln in schwierigen Kommunikationssituationen und Konflikten Gefühle der Wut und des Zorns. Damit neigen auch sie dazu, uns verletzen oder beschimpfen zu wollen. Man tut gut daran, solche Ausrutscher von der anderen Seite entweder ganz zu überhören oder zu verzeihen. Zu große eigene Empfindlichkeit stachelt nur das eigene Unbehagen weiter an.

4. Strategisches Denken, Selbstbeherrschung und Großzügigkeit sollten nicht heißen, dass man seinen Standpunkt nicht klar vertritt. Wichtig dabei ist, Grenzen zu setzen sowie die eigene Meinung unmissverständlich, aber in geeigneter Form darzustellen. So wird weiteren Missverständnissen entgegengewirkt.
5. Man sollte Einigung vor Sieg und Niederlage anstreben. So sehr man sich in Konflikten einen Sieg wünscht – besser ist es, eine Einigung zu erzielen. Denn, wo es einen Sieg gibt, da gibt es auch eine Niederlage. Und in dem Menschen, der diese Niederlage einstecken musste, wird sie weiterfressen. Auf solche Weise kann das Potenzial zu weiteren Konflikten ständig erhalten werden. Wann immer möglich, sind Einigung oder Kompromiss vorzuziehen.

Hedwig Kellner leitet aus diesen Herangehensweisen an Konflikte sechs nützliche Grundregeln positiver Konfliktbehandlung ab.

1. Zu vermeiden ist es, dass der Gegner »sein Gesicht verliert«.

2. Die eigene Selbstachtung sollte gewahrt sein.
3. Wichtig ist es, sich immer in die Lage des anderen zu versetzen.
4. Es ist darauf zu verzichten, andere Menschen ändern zu wollen.
5. Der eigene Standpunkt sollte konsequent und strategisch klug vertreten werden.
6. Erstrebenswert ist es, die Gefahr von Folgekonflikten zu reduzieren.

Der angemessene Umgang mit einem Konflikt muss von Fall zu Fall entschieden werden. Es gibt kein Patentrezept. Dies gilt auch für andere schwierige Kommunikationssituationen wie etwa Verhandlungen. Die beste Strategie ist immer diejenige, die unter Berücksichtigung der Würde, der Achtung und der Interessen aller beteiligten Parteien eine dauerhafte Aussicht auf Frieden oder zumindest »Waffenstillstand« bringt. In schwierigen Situationen sollte man sich nicht scheuen, im Zweifelsfall professionelle Hilfe zu engagieren.

Gegner oder Gefährte?

Positive Kommunikation ist ein Ansatz, der geistige Informationen und Erkenntnisse mit Ergebnissen und Erkenntnissen moderner Psychologie in Theorie und Praxis verbindet. *Positive Kommunikation* will deshalb einen Beitrag zum Umgang mit schwierigen Kommunikationssituationen leisten, der das Angebot an kompetenter Fachliteratur ergänzt. Dieser Beitrag erstreckt sich auf mehrere Aspekte. Einer davon ist das Bild der anderen am Konflikt beteiligten Menschen. Kennen Sie das auch von sich selbst? In unserer Wut, Verletztheit oder Trauer sehen wir im anderen nur noch eine Person ohne positive Eigenschaften. Wir lassen an ihr oder ihm sozusagen »kein gutes Haar«. So entstehen Feindbilder. Und tatsächlich: Wir empfinden Menschen, mit denen wir im Konflikt sind, oft als Feinde. Günstigenfalls sind es Gegner. Stellen Sie sich jetzt einmal ganz intensiv einen Menschen vor, den Sie wirklich nicht mögen. Dies kann jemand sein, den Sie persönlich kennen, oder eine prominente Persönlichkeit. Können Sie etwas Positives an ihm erkennen?

Was ich jetzt sage, wird Sie möglicherweise überraschen, vielleicht sogar empören. Dieser von Ihnen bestgehasste Mensch ist gar nicht Ihr Feind, sondern Ihr Gefährte! Wie komme ich dazu, so etwas zu behaupten? Schließlich hat der andere ja wirklich Gemeines, Schlechtes, Gewalttätiges, ja, Zerstörerisches getan. Diese andere Person ist Ihr Weggefährte, weil alle, die sich als Menschen auf dieser Erde befinden, mehr oder weniger miteinander verbunden sind. Dieses ist ein Grundgedanke in vielen Büchern, die sich mit dem Sinn und Zweck unseres Lebens beschäftigen. Wenn man an Freunde oder Familie denkt, fällt es leicht, sich vorzustellen, dass wir alle zusammengehören. Um dieses auch in einem großen Zusammenhang anschaulich zu machen, können die Bilder der Natur und der Naturzerstörung dienen. Wird die Natur an einem Teil der Erde nachhaltig gestört und beschädigt, kann das ganze ökologische System aus dem Gleichgewicht geraten. Und dann sind alle Menschen davon betroffen.

Den so genannten Feind kann man in diesem Sinne also als einen Weggefährten betrachten. Und auch in ihm ist Positives, denn in jedem Menschen ist

Positives. Das gehört zu den Grundannahmen der *Positiven Kommunikation*.

Aus eigener Erfahrung weiß ich: Gerade im Streit, im Konflikt mit unterschiedlichen Interessen, in allen schwierigen zwischenmenschlichen Situationen fällt es uns besonders schwer, im anderen das Positive zu sehen. Deshalb ist es ganz besonders wichtig, sich diesen positiven Kern aktiv vorzustellen. Ich bitte in solchen Situationen immer um den Beistand von Christus oder Gott, und ich erhalte ihn auch. Sie fragen sich vielleicht, woran ich das merke? Das kann verschieden sein und kommt auch auf die Situation an. Aber es fühlt sich ungefähr so an: Ich kann dem Menschen, um den es geht, besser positive Gedanken und Gefühle entgegenbringen. Ich kann für sein Wohl beten, und ich kann auch besser meine eigenen Gefühle und Gedanken der Wut und der Enttäuschung aufgeben. Damit dies alles gelingt, ist es von großer Bedeutung, es selbst zu wollen. Oberflächliches Bemühen wird zu weniger Erfolg führen. In einem anderen Menschen, mit dem man Probleme hat, auch Positives zu sehen, heißt jedoch nicht, dass man alle seine Taten gutheißt oder sie sogar unterstützt. Die grundsätzliche Haltung einem Menschen gegenüber und die Einstellung zu seinen Handlungen sind zweierlei

Dinge. Man kann im anderen ein Wesen mit Würde und einem positiven Kern sehen und sich gleichzeitig von dessen Überzeugungen und Handlungen distanzieren. Distanzieren meint in diesem Zusammenhang, Abstand zu nehmen und nicht zu verurteilen.

Grenzen setzen

Soll man sich im Rahmen der *Positiven Kommunikation* alles gefallen lassen? Bedeutet es, wenn man im Geist der Nächstenliebe und der Selbstlosigkeit miteinander umgeht, alles zu akzeptieren und eigene Bedürfnisse zu verleugnen? Ich meine: Nein. Als Stütze dient mir dabei das Wort von Jesus: »Es sei aber eure Rede: Ja, ja! Nein, nein!« (Matthäus 5,37). Auch *Hans Deidenbach*, der ein Buch über die Psychologie der Bergpredigt geschrieben hat, kommt zu der Auffassung: Es ist kein Widerspruch zur Bergpredigt, aktiv zu handeln und Grenzen zu setzen.

Beim Grenzensetzen kommt es auf das Wie an. Bedient man sich dabei psychischer oder physischer

Gewalt, so mag dies eine wirkungsvolle Form sein. Vielleicht sieht man manchmal keine anderen Möglichkeiten. Im Rahmen der *Positiven Kommunikation* geschieht Grenzensetzen allerdings nicht durch Gewalt, sondern nach den Prinzipien dieses Ansatzes. Bei der konkreten Umsetzung können die Regeln des Feedbacks helfen, die von der modernen Kommunikationspsychologie erarbeitet wurden. »Feedback« heißt »Rückmeldung«, und es geht darum, anderen Menschen etwas über ihr Verhalten und über das eigene Empfinden zu vermitteln.

Die wichtigsten Feedback-Regeln sind:

1. Warten Sie den richtigen Zeitpunkt ab, sodass der andere auch aufnahmebereit ist. Besonders günstig ist es, wenn Feedback erwünscht ist.
2. Rückmeldung sollte immer mit etwas Positivem beginnen und Positives hervorheben. Dies sollte ehrlich gemeint sein und nicht geheuchelt.
3. Feedback sollte konstruktiv sein im Sinne von Verbesserung der zwischenmenschlichen Beziehung und nicht destruktiv.
4. Feedback sollte beschreibend sein und nicht bewertend. Es sollte konkret sein – »Bedrückt

dich heute etwas?« – und nicht verallgemeinern – »Du hast immer schlechte Laune.«

5. Bei der Rückmeldung ist klarstellen, dass es sich um die eigene subjektive und nicht um eine allgemeine Perspektive handelt.
6. Es hilft beim Geben von Rückmeldung, wenn man sich in den anderen Menschen hineinversetzt.

Selbstbestimmt handeln

Gerade im Streit und Konflikt neigen wir dazu, unser Verhalten von dem Verhalten anderer abhängig zu machen. Das sieht dann unter Umständen so aus: Der Gegner hat mich »unter der Gürtellinie« getroffen, und jetzt werde ich ihn auch richtig verletzen oder beleidigen. Im Zorn schreit unser Gefühl nach Genugtuung. Jedoch sind heiße Gefühle in solchen Situationen nicht die allerbesten Ratgeber. Günstiger ist es, besonnen und unabhängig vom Verhalten anderer selbstbestimmt zu reagieren. Selbstbestimmt meint hier, sich nicht vom anderen gleichsam die Art und

Weise des eigenen Verhaltens aufzwingen zu lassen. Natürlich bleiben das Verhalten und die Reaktionen aufeinander bezogen. Sich von anderen Menschen anstecken und auf eine destruktive Handlungsebene bringen zu lassen, hat Nachteile. Sie können strategisch an Terrain verlieren, wenn Sie Dinge sagen oder tun, die Ihnen andere dann zu Recht vorwerfen können. Wenn Sie später wieder mit klarem Kopf denken, ist es wahrscheinlich, dass Sie Ihren Ausbruch bereuen und ungeschehen machen möchten. Dann ist es aber leider zu spät. Bedenken Sie außerdem: Wenn Sie mit gleicher Münze heimzahlen, sind Sie nicht besser als der von Ihnen wenig geschätzte Gegner. Das Argument »Der andere hat ja angefangen!« ist weder Freibrief noch eine angemessene Begründung für das eigene Handeln. Außerdem können und sollten Sie nicht den anderen für Ihr eigenes Verhalten verantwortlich machen. Und selbst, wenn Sie dies doch tun: Sie sind und bleiben für Ihr Denken, Fühlen, Reden und Handeln, für Ihr eigenes Leben selbst verantwortlich.

Das Positive dominieren lassen

»Lass dich nicht vom Bösen überwinden, sondern überwinde das Böse mit dem Guten!« Das schreibt der Apostel Paulus in seinem Brief an die Römer (Römer 12,21). *»Ihr habt gehört, dass gesagt ist: Du sollst deinen Nächsten lieben und deinen Feind hassen. Ich aber sage euch: Liebt eure Feinde, und betet für die, die euch verfolgen ...«* (Matthäus 5,43,44).

So sagt es Jesus in der Bergpredigt.

Nicht nur in der Bibel, sondern auch in vielen anderen geistig orientierten Büchern wird uns gleichsam immer wieder zugerufen: »Lass dich nicht hineinziehen in den Strudel der Destruktion! Lass dich nicht hineinziehen in die Spirale von Hass, Vergeltung, Rache und Gewalt! Bleibe du standhaft! Setze du ein positives Zeichen! Antworte du mit Zuneigung für andere Menschen und mit Würde und Achtung ihnen gegenüber!«

Unsere Gesellschaft und unsere Geschichte zeigen, dass dies nur sehr wenige umgesetzt haben – einige große bekannte Persönlichkeiten und sicher auch eine Reihe unbekannter Menschen. Wir anderen verharren oft in dumpfer Resignation: »Es geht ja nicht anders.« Und dann machen wir weiter in endlosen Kämpfen. Warum nur, wo wir doch sehen können, dass dieses zu keiner Verbesserung führt und sogar teilweise fatale Folgen hat!

Ja, warum? Eine mögliche Antwort kam mir nach einem ernsten Gespräch mit einer Freundin. Wir hatten über ein politisches Ereignis diskutiert, eines der Ereignisse, die die Welt erschüttert haben: die Zerstörung der beiden Türme des World Trade Center mit Flugzeugen durch Selbstmordattentäter. Bei unserem Gespräch ging es um die Frage, ob man darauf mit militärischer Kriegsführung antworten dürfe oder sogar solle. Ich sprach mich dagegen aus. Meine Freundin argumentierte, dass eine militärische Antwort darauf ausgerichtet sei, weitere Attentate und Anschläge dieser Art zu verhindern. Später dachte ich weiter über dieses Gespräch nach. Meine Freundin ist ein hochanständiger, friedvoller, freundlicher Mensch und eine Christin. Wie konnte sie dennoch diese Meinung vertreten? Da kam mir folgender Gedanke: Meine Freundin glaubte zwar an die Existenz Gottes und Christi, sie glaubte aber nicht wirklich an deren Aussage, dass das Gute das Böse zu überwinden im Stande sei.

Und geht es nicht den meisten von uns genauso, unabhängig davon, ob wir an Gott glauben oder nicht? Wir glauben einfach nicht, dass das Gute das Mittel ist, um das Böse zu überwinden, und nicht das Böse. Wir haben oft nicht das geringste Vertrauen in die Wirksamkeit des Guten und damit in die Wirksamkeit Gottes. Und unsere Angst, dann erst recht zu unterliegen, hindert uns daran, es auszuprobieren und dann für uns selbst bestätigt zu wissen: Es klappt, es geht ja wirklich! Dies ist jedenfalls meine persönliche Erfahrung, und ich bin überzeugt, dass ich damit nicht allein stehe. Das Gute einzusetzen in schwierigen Situationen, im Konflikt, ja im Krieg, ist also ein Verhaltensangebot. Haben Sie den Mut, es selbst zu prüfen!

Positiv planen

Schwierige Kommunikationssituationen können viele Gesichter haben. Sie reichen vom kleinen Streit unter Freunden, vom Familienkrach über berufliche Konflikte, im Extremfall Mobbing, bis hin zu Taten mit Gewalteinwirkung. Viele Menschen wissen in solchen Situationen nicht, was sie tun sollen, und fühlen sich hilflos und allein. Hier kann es helfen, positiv zu planen. Mit »Positiv planen« meine ich, einen konstruktiven Umgang mit dem Problem zu überlegen und einzuleiten. Am Anfang heißt es immer zu erkennen, wo man steht und was man selbst will. Dann sollte man einen Plan erstellen, ihn prüfen und gegebenenfalls umsetzen. Der Vorteil eines solchen Vorgehens liegt in der Klarheit gegenüber sich selbst und in der Chance der Bereinigung der schwierigen Situation. In der konkreten Situation ist allerdings das positive Planen oft gar nicht einfach. Dieses liegt zum einen daran, dass man selbst zu sehr in das Problem verstrickt sein kann. Das schränkt dann oft den klaren Blick für die Problemlösung ein. Es kann aber auch sein, dass die Situation äußerst vielschichtig und verzwickt ist. Man verliert dann leicht den Überblick. Aus diesen Gründen ist es manchmal empfehlenswert, professionelle Hilfe mit einzubeziehen wie etwa Coaching, Beratung, Therapie oder Mediation. Ob mit oder ohne professionelle Hilfe: Es bietet sich immer an, Gott um Hilfe und Führung zu bitten.

Übungen

Gegner positiv sehen Denken Sie an einen Menschen, den Sie im Moment nicht mögen oder den Sie ablehnen. Das kann jemand aus Ihrer persönlichen Umgebung sein oder eine Person der Zeitgeschichte. Versuchen Sie nun, sich vorzustellen, diese Person hätte auch gute Eigenschaften. Finden Sie die Eigenschaften heraus und schreiben Sie sie auf. Das Ziel ist dabei, der eigenen verengten Sichtweise auf die Schliche zu kommen und eine Änderung herbeizuführen.

Freundlich bleiben Ist jemand zu Ihnen unfreundlich, bleiben Sie selbst freundlich. Versuchen Sie, Zuneigung für den Betreffenden zu spüren. Das Ziel dabei ist, sich von anderen unabhängig positiv zu verhalten.

Übungen

Positive **Kommunikation**

und
Lebenssinn

Positive Kommunikation sehe ich im Zusammenhang mit dem Lebenssinn. Das überrascht Sie? Wieso ich das tue? Ich meine, dass *Positive Kommunikation* eine Hilfe sein kann auf dem Weg, auf dem eine Reihe von Menschen – auch ich – den Sinn ihres Lebens erkannt zu haben glauben. Außerdem hoffe ich, dass *Positive Kommunikation* uns das Gefühl vermitteln kann, etwas Sinnvolles zu tun.

Dieses letzte Kapitel ist deswegen etwas anders als die vorangegangenen. Es handelt nicht von der Beschreibung und praktischen Umsetzung der Positiven Kommunikation, sondern von Fragen des Lebenssinns. Bitte vergessen Sie aber nicht: Alles, was ich hier schreibe, ist nur die Übermittlung von Information im Sinne eines Angebots. Sie sollten immer selbst entscheiden, an was Sie glauben möchten oder nicht. Deshalb lege ich Ihnen ans Herz: Lassen Sie sich niemals von irgendjemandem oder irgendetwas indoktrinieren. Prüfen Sie immer selbst, ob die Botschaft für Sie wahr, richtig und gut ist. Oder wie Paulus es ausdrückte:

> *»Weissagungen verachtet nicht, prüft aber alles, das Gute haltet fest!«* (1. Thessalonicher 5,20,21)

Positive Kommunikation jedenfalls ist ein Ansatz, der unabhängig von jeder Weltanschauung auf der Basis des freien Willens verstanden und gelebt werden kann.

Ist es denn überhaupt wichtig, dass wir unsere Gedanken dem Sinn unseres Lebens zuwenden? Wer in den Tag hinein lebt, wird sich kaum um etwas scheinbar so Entrücktes kümmern. Genießen wir den Tag und seien wir ein fortschrittliches Mitglied einer immerwährenden Spaßgesellschaft! Höre ich Protest? Das würde mich freuen. Nicht nur junge Menschen stellen sich die Sinnfrage. Wie immer man sie beantwortet – eines erscheint gewiss: Ein Leben ohne erkennbaren Sinn ist unausgefüllt, ohne Ziel, ohne zentrale Ausrichtung.

Vielleicht haben Sie Ähnliches in Ihrem Leben gefühlt? Sie empfinden eine Lebenssituation als undurchschaubar, unangenehm, möglicherweise als ganz und gar sinnlos. Wenn Sie dann manche Ereignisse in Ihrem Leben im Nachhinein betrachten, vermögen Sie oft darin doch eine Bedeutung zu sehen. Was zuvor sinnlos erschien, erkennen Sie danach als sinnvoll und nützlich. Wie in einem Puzzlespiel fügt sich Stückchen an Stückchen zu einem sinnvollen Bild. Die Idee der *Positiven Kommunikation* kam mir als Ergebnis eines solchen Erkenntnisprozesses. Er begann mit dem eingangs beschriebenen Erlebnis vom Tode meiner Mutter. Die Erkenntnisse habe ich so gewonnen, wie berichtet: als Elemente eines langjährigen Lernprozesses. Wenn ich hiervon schreibe, tue ich es nicht, um mich und meine Person in den Vordergrund zu stellen oder mich wichtig und interessant zu machen. Ich tue es, um Interessierten nach bestem Wissen und Gewissen Informationen zur Verfügung zu stellen.

Psychologische Perspektiven zum Lebenssinn

Der Hörsaal quoll über. Nicht nur auf den Stühlen, sondern auf Tischen, ja sogar auf dem Fußboden und in den Türen saßen und standen die Studierenden. Sie alle wollten wissen: Was weiß die moderne Psychologie über den Lebenssinn? Kennt sie etwa den Sinn des Lebens? In diesem Seminar haben wir dann über die theoretischen Ansätze verschiedener Psychologen und über aktuelle Forschungsergebnisse zum

Lebenssinn gesprochen. Wir haben darüber diskutiert, und wir haben auch unser eigenes Leben betrachtet. Ob hinterher jeder den Sinn in seinem eigenen Leben erkannt hat? Ich glaube kaum. Aber die eine oder andere Frage wird zum Weiter-darüber-Nachdenken aufgeworfen worden sein.

Was sind psychologische Erkenntnisse zum Lebenssinn, über die es sich nachzudenken lohnt? Zentral ist hier der von mir bereits erwähnte Ansatz von *Viktor E. Frankl*. Dieser Psychologe, der das Konzentrationslager erlebte, überlebte und so eindringlich beschrieb, spricht vom Sinn im Leben. Lesen Sie, was *Frankl* selbst dazu schreibt:

> *»Jeder Tag, jede Stunde wartet also mit einem neuen Sinn auf, und auf jeden Menschen wartet ein anderer Sinn. So gibt es einen Sinn für einen jeden, und für einen jeden gibt es einen besonderen Sinn.«*
>
> (Viktor E. Frankl 1979/1995, Der Mensch vor der Frage nach dem Sinn, Seite 157)

Sinn ist nach *Frankl* der jeweils konkrete Sinn einer konkreten Situation. Dieser kann weder von außen erzeugt noch vorgegeben werden. Er kann nur vom betreffenden Menschen selbst gefunden werden. Für Menschen, die nach dem Sinn in ihrem Leben suchen, hat *Frankl* eine Therapieform entwickelt, die Logotherapie.

Eine weitere wichtige Erkenntnis in der Psychologie ist auch: Das Gefühl der Sinnlosigkeit macht das Leben schwer. Sinn im Leben darin zu sehen, trägt jedoch zum Wohlbefinden bei. Es war ebenfalls *Viktor E. Frankl*, der als erster erkannte, dass Menschen an der Sinnlosigkeit in ihrem Leben leiden oder gar verzweifeln können. Dies kann sogar so weit gehen, dass sie gar nicht mehr leben wollen. Es ist oft nicht das Leiden selbst, das Menschen in die Verzweiflung treibt. Vielmehr ist es die darin gesehene Sinnlosigkeit. Leiden kann aber zur Selbsterkenntnis genutzt werden. Darin kann man einen Sinn sehen. *Frankl* zitiert in diesem Zusammenhang den israelischen Maler und Bildhauer *Yehuda Bacon*:

> *»Das Leiden hat nämlich dann einen Sinn,*
> *wenn du selbst ein anderer wirst.«*
>
> (Viktor E. Frankl 1979/1995,
> Der Mensch vor der Frage nach dem Sinn, Seite 49)

Sinnlosigkeit kann Menschen in die Verzweiflung treiben. Zum Glück gilt für Sinnhaftigkeit etwas anderes. Viele psychologische Untersuchungen zeigen: Wenn wir Sinn in unserem Leben sehen, dann fühlen wir uns besser, dann geht es uns besser. Menschen, die ihr Leben als sinnvoll verstehen, fühlen sich gesunder und weniger depressiv, werden leichter mit Schicksalsschlägen fertig, scheinen ihr Leben insgesamt besser zu meistern und haben weniger Angst vor dem Tod. Sinnhaftigkeit des Lebens und Sinn im Leben werden oft als höhere Bedeutungszusammenhänge erlebt. Hierzu befragte Menschen meinen zum Beispiel, dass sinnvolles Tun im Leben eine Passung oder Fügung enthalte. Wenn dies so ist, können Menschen das Gefühl haben, mit sich und der Welt im Einklang zu sein.

Schließlich ist eine weitere Erkenntnis der psychologischen Forschung zum Lebenssinn diese: Es scheint Lebenssinn auf einer weltlichen und auf einer kosmischen Ebene zu geben. Man könnte auch sagen: alltäglich und übergeordnet – oder im Kleinen und im Großen. Sinn im Kleinen kann sogar in einzelnen menschlichen Handlungen gesehen werden, wie etwa jemandem zu helfen. Betrachtet man dieses dann im Großen, kann man fragen, inwieweit menschliche Hilfe in einen weiteren, möglicherweise außerweltlichen Bedeutungszusammenhang gestellt werden kann. Die verschiedenen Sinnebenen brauchen also nicht als voneinander unabhängig interpretiert zu werden. In dieser Weise versteht sich auch die *Positive Kommunikation*: Sie möchte zur Sinnbildung beitragen – im Kleinen wie im Großen.

Lebenssinn aus einer freien geistig-christlichen Perspektive

Positive Kommunikation kann, so glaube ich, zum Sinn in unserem Leben beitragen. Nach meiner Erfahrung lohnt es sich, die ersten Schritte zu gehen und *Positive Kommunikation* umzusetzen, anfangs vielleicht zögernd, doch bald sicherer und mit wachsender Freude. Doch warum wirkt *Positive Kommunikation*, warum ist sie erfolgreich und schafft Gutes? Neben psychologischen Mechanismen sind mir dafür auch geistige Grundlagen bewusst geworden. Um diese zu beschreiben, will ich ein wenig ausholen.

Wenn Sie mir vor fünf Jahren gesagt hätten, ich würde noch vor Ablauf der nächsten fünf Jahre ein Buch schreiben, in dem ich von meiner persönlichen Erfahrung mit Gott berichte, hätte ich entschieden dagegengehalten. »Oh nein, das tue ich ganz bestimmt nicht«, hätte ich gesagt. Nun ist es tatsächlich so gekommen. Und – vielleicht werden Sie jetzt schmunzeln – ich erlebe es als sinnvoll in meinem Lebenszusammenhang.

Die Gedanken, die ich auf den nächsten Seiten in aller Kürze skizziere, sind das Ergebnis eines vorläufigen Erkenntnisprozesses, und für mich persönlich sind sie wahr. Ich behaupte nicht, die unumstößliche Wahrheit zu kennen und zu verkünden. Was ich schreibe, enthebt Sie auch nicht der eigenen Prüfung. Auf der anderen Seite sind diese Gedanken durchaus ernst gemeint und keinesfalls aus der Luft gegriffen. Dafür spricht meiner Meinung nach vor allem zweierlei:

Mit diesen Ansichten stehe ich nicht alleine da. Eine Reihe von Menschen, die sich mit Fragen des Lebens befassen, kommen zu ähnlichen Schlüssen.

Um für mich selbst Klarheit zu gewinnen, habe ich immer wieder geprüft, doppelt geprüft und gegengeprüft. Diese Prüfung erfolgte sowohl durch das Beobachten und Hinterfragen des eigenen Erlebens als auch durch das kritische Hinterfragen von Wissensquellen in Form von Büchern. Dabei stellte ich immer wieder Vergleiche an, suchte und fand Ähnlichkeiten und Gemeinsamkeiten. Einige Bücherquellen sind am

Schluss des Buches zum Weiterlesen aufgeführt. Es gibt aber viele mehr, auch solche, die ich nicht kenne.

Zwei Dinge haben mich vor meiner erneuten Auseinandersetzung mit Glaubensfragen nach den Erlebnissen beim Tod meiner Mutter immer wieder beschäftigt, ja sogar sehr gestört.

Das eine ist: Ich erlebte die Inhalte der Bibel als altmodisch und weit von mir entfernt. Besonders als Kind sah ich bei Geschichten aus der Bibel in meiner Fantasie Menschen mit wallenden Gewändern und Sandalen in orientalischen Landschaften. Sicher war es schön, dass Jesus auf die Erde gekommen war. Doch das erschien unendlich fern von mir selbst.

Das andere: Die Informationen, die mir der christliche Glauben zu übermitteln schien, ließen mir zu viele Fragen offen. Das Geheimnisvolle, Nebulöse, das von Mitteilungen im Rahmen von Religion auszugehen schien, machte mir zu schaffen. Wie wahrscheinlich auch anderen Menschen blieb mir das unklar, was in der Philosophie das »Theodizee-Problem« genannt wird: Warum lässt Gott all das Schreckliche zu? Schickt Er es uns gar?

Nach den mystischen Erlebnissen am Sterbebett meiner Mutter hatte ich das Bedürfnis, mehr über Glaubenszusammenhänge zu erfahren. Dieser Wunsch beruhte auf meinem freien Willen, und so wurde ich von Gott in viele aufschlussreiche Lebenssituationen und zu mir unbekannten Büchern geführt. Diese Bücher und Offenbarungen, etwa »Das ist mein Wort Alpha und Omega«, »Der innere Weg«, »Ich kam – woher? Ich gehe – wohin?«, »Woher komme ich – wozu lebe ich – wohin gehe ich«, »Ewige und endliche Gesetze Gottes«, »Gespräche mit Gott«, »Die neue Bibel«, sehe ich nicht als Konkurrenz zur Bibel oder zu Schlüsselwerken anderer Religionen. Diese und andere Bücher verstehe ich als Ergänzung und als zusätzliche Erklärung. Durch Lektüre und durch aktiv gelebten Glauben – das ist die Umsetzung von Gottes Geboten der Liebe im täglichen Leben – konnte ich auch meine beiden Hauptprobleme in Glaubensdingen überwinden. Mir wurde klar, dass Gott und Christus aktuelle, moderne, ja zukunftsweisende geistige Realitäten sind. Das Altmodische war nur in meiner Vorstellung verhaftet.

Und fast noch wichtiger: Ich konnte nun Fragen logisch beantworten, die mir bis dahin scheinbar unlösbare Rätsel aufgegeben hatten. Es sind also nicht meine eigenen Ideen und Erfindungen zum Sinn und Zweck des menschlichen Lebens, die ich hier schreibe, aber ich fasse sie mit meinem eigenen Denken und meinen eigenen Worten zusammen.

Von unserer Urbestimmung her sind wir keine Menschen, sondern geistige Wesen, erschaffen von Gott nach seinem Ebenbild. Durch wiederholtes Übertreten der Gesetze der Liebe Gottes entfernten wir uns immer weiter von ihm. Gott liebt uns und möchte uns wieder näher bei sich haben. Dabei achtet er jedoch unseren freien Willen und macht uns nur Angebote. Gott zwingt uns nicht. Um wieder näher zu ihm zu gelangen, müssen wir selbst die Gesetze der Liebe Gottes erkennen und in die Tat umsetzen. Gott macht uns viele Angebote, um uns diesen freiwillig beschrittenen Weg zu erleichtern. Dazu gehört, dass er einen materiellen Kosmos, die Erde, geschaffen hat mit den entsprechenden geistigen Gesetzen. Damit bekommen alle Wesen, die sich von Gott entfernt haben, die Möglichkeit, sich zu bewähren, Falsches wieder gut zu machen, ein besseres Leben zu führen und Gott wieder näher zu rücken. Dabei gilt hier in der materiellen Welt das geistige Gesetz von Ursache und Wirkung. Dieses Gesetz wird auch Gesetz von Saat und Ernte, Gesetz von Schuld und Sühne oder Karmagesetz genannt.

In der Bibel finden sich viele Stellen, die davon handeln. So schreibt Paulus im Zweiten Brief an die Korinther:

»Dies aber sage ich: Wer sparsam sät, wird auch sparsam ernten, und wer segensreich sät, wird auch segensreich ernten.« (2. Korinther 9,6)

Ein anderes Beispiel ist die Heilung eines Kranken am Teich Bethesda durch Jesus. Nach der Heilung sagt Jesus zu ihm:

»Siehe, du bist gesund geworden. Sündige nicht mehr, damit dir nichts Ärgeres widerfahre!«

(Johannes 5,14)

Diese Bibelstellen zeigen deutlich die positiven und die negativen Auswirkungen des Gesetzes von Ursache und Wirkung. Wer Gutes tut, wird Gutes erleben, wer Schlechtes tut, wird Schlechtes erleben. Meiner Meinung nach ist es wichtig zu realisieren, dass es sich hierbei um ein Gesetz handelt und nicht um eine »Kann-Bestimmung«. Analog dazu kann man sich das physikalische Gesetz der Erdanziehung vorstellen: Wenn wir einen Gegenstand in die Luft werfen, wird er immer auf die Erde fallen. Ebenso ist es mit geistigen Gesetzen. Sie sind prinzipiell gültig. Das Gesetz von Ursache und Wirkung enthält auch die Antwort auf die Theodizee-Frage. Nicht Gott, der uns liebt, schickt uns all dies Schlechte. Das Schlechte auf dieser Erde sind die Auswirkungen unserer lieblosen, egoistischen und Gott-fernen Gedanken, Gefühle und Handlungen aus diesem Leben und aus unseren Vorexistenzen.

Der materielle Kosmos ist ein Gnadenakt, damit wir die Gelegenheit zur Bewährung und zum Gutmachen schneller und effizienter bekommen, als dies wohl in der geistigen Welt möglich ist. Und hier werden für uns Tag für Tag die optimalen Bedingungen für unser ganz persönliches Lernprogramm bereitgehalten. Ebenso war die Erlösertat von Jesus Christus eine Tat der Liebe und Gnade, denn hierdurch wurde im Großen der Abfall von Gott gesühnt und zwar im Rahmen des Gesetzes von Ursache und Wirkung. Was uns persönlich allerdings noch von Gott fern hält, müssen wir selbst umwandeln in Gottgewolltes, denn

> *»... es soll auch nicht ein Jota oder ein Strichlein von dem Gesetz vergehen, bis alles geschehen ist«* (Matthäus, 5,18),

wie Jesus sich in der Bergpredigt ausdrückte.

Dabei dürfen wir uns jedoch der Gnade Gottes,

seiner Hilfe und der seiner Helfer gewiss sein. Gott ist, so glaube ich, flexibel, viel flexibler, als wir es sind, und Gottes Gesetze sind dies auch. Gott handelt nicht nach »Aug' um Aug', Zahn um Zahn« (Mose, 2, 21-24), denn Gott liebt uns ja, und alles, was er schafft, entspringt einer liebenden Haltung. Die übrigens kann für uns ein Vorbild sein.

Ich persönlich glaube, dass wir, wenn wir uns wirklich bemühen und guten Willens sind, Gottes Gesetze der Liebe zu leben, Gnade, Hilfe und Erleichterung in unserem Leben erhalten. In einer Offenbarung las ich, dass Gott uns fragt, wer es mit ihm wagen wolle (vgl. »Der Allgeist Gott spricht unmittelbar durch seine Prophetin in unsere Zeit hinein.«). Ich war bis ins Tiefste berührt, berührt von Gottes Demut.

Kann das alles überhaupt sein? Bin ich, sind wir wirklich so schlimm, dass ich etwas wieder gut machen muss? Manche Lieblosigkeiten sind uns sicher so zur Gewohnheit geworden, dass wir sie gar nicht mehr registrieren. Aber kann das alles erklären?

Noch ein anderer Gedanke ist wichtig, um diese Zusammenhänge besser zu verstehen, nämlich der Gedanke der Reinkarnation. Reinkarnation oder Wiedergeburt – oft aus östlichen Religionen bekannt – lässt sich von meiner geistig-christlichen Perspektive aus etwa so beschreiben: Als geistige Wesen sind wir unsterblich, und unsere wahre Heimat liegt in Bereichen des geistigen Kosmos. Auf unserem Weg wieder zurück zu Gott haben wir jedoch die Möglichkeit, uns zu Zwecken der Schulung und der Wiedergutmachung im materiellen Kosmos zu inkarnieren. Das Wissen um Einzelheiten aus unseren vorherigen Leben lässt uns Gott mit unserer Geburt für diese Lebensspanne vergessen, weil es uns meist nicht nützlich sein kann, sondern oft ein Hindernis darstellen würde.

Wie würden Sie sich zum Beispiel fühlen, wenn Sie wüssten, Sie hätten in einem früheren Leben einen anderen Menschen umgebracht? Mit dem Übergang, den wir Tod nennen, kommt nicht nur wieder mehr Erinnerung zurück, sondern ein weiteres geistiges Gesetz wird dann besonders wichtig. Es ist das Ähnlichkeitsgesetz, Gleiches zieht Gleiches an. Gemäß unserer Entwicklung und geistigen Haltung werden wir von den entsprechenden Bereichen im geistigen Kosmos angezogen. Dort leben wir, bis andere Bereiche des geistigen Kosmos auf uns passen oder bis zu einer weiteren irdischen Inkarnation. Das Ähnlichkeitsgesetz wirkt aber auch hier im materiellen Kosmos.

Es ist die Erklärung und bietet die Grundlage dafür, dass positives Denken und *Positive Kommunikation* wirken können und wirken. Indem wir positiv denken, reden, fühlen und handeln, ziehen wir auch Positives an. Gleiches gilt aber auch für Negatives. Beide geistigen Gesetze, das Gesetz von Ursache und Wirkung und das Gesetz Gleiches zu Gleichem, können auch zumindest teilweise eine Erklärung dafür liefern, warum einzelne Menschen, Schicksale, Lebensläufe und Lebensbedingungen so unterschiedlich ausfallen. Danach können wir davon ausgehen, dass jeder von uns mit einer unterschiedlichen Vorgeschichte auf diese Erde kommt. Diese Vorgeschichte hängt davon ab, was wir vor diesem Leben gedacht und getan haben. Und wenn das eben Beschriebene so oder ähnlich wahr ist, hängt auch unsere Zukunft davon ab, wie wir uns heute und in der Zukunft verhalten.

Mögliche offene Fragen

Ich kann mir vorstellen, dass die Reaktionen auf die Inhalte dieses Kapitels sehr unterschiedlich ausfallen –

von »Völliger Unsinn!« über »Kann man mal drüber nachdenken.« bis hin zu »Überzeugend!« oder »Das sehe ich ähnlich.«. Mir ist bewusst, dass es viele offene Fragen gibt, an die jeder von uns anders herangehen und die jeder anders für sich klären wird, wenn er dies möchte. Das ist gut so. Zwei Fragen höre ich allerdings förmlich, und ich will deshalb darauf eine kurze Antwort anbieten.

Die erste Frage ist: Kann man die psychologische und die geistig-christliche Perspektive zum Lebenssinn irgendwie zusammenbringen? Ich würde sagen, es geht. Der Lebenssinn aus einer übergeordneten Perspektive, hier einer geistig-christlichen Perspektive, ist, wieder näher zu Gott zu kommen, und, wie Jesus es in der Bergpredigt ausdrückte:

> *»Ihr nun sollt vollkommen sein, wie euer himmlischer Vater vollkommen ist.«* (Matthäus 5,48)

Der Lebenssinn aus einer alltäglicheren Perspektive, hier einer psychologischen, ist, an den täglichen Ereignissen zu lernen und diesem großen Ziel näher zu rücken. Weil wir alle mit unterschiedlichen Vorgeschichten auf die Erde kamen, sieht der Alltag auch für alle verschieden aus. Er enthält für das jeweilige »Studienprogramm« des Einzelnen die sinnvollsten »Unterrichtsstunden«.

Als zweite Frage kann ich mir vorstellen, dass jetzt der eine oder andere sagt: »Das würde ich gern glauben, und ich würde auch gern an Gott glauben. Aber mir haben sich bislang solche Dinge völlig verschlossen. Was kann ich tun?« Ein Rezept kann da natürlich niemand geben.

Nach meiner Erfahrung sind jedoch drei Schritte wichtig, um Gott zu suchen und zu finden.

1. Man muss wirklich wollen. Das hängt damit zusammen, dass Gott unseren freien Willen achtet. Eine Haltung wie »mal sehen« oder »vielleicht« dürfte die Sache erschweren.
2. Es ist hilfreich, ehrlich an Gott heranzutreten mit der Bitte um Hilfe und Führung. Dies kann immer und an jedem Ort geschehen.
3. Treten Sie selbst in Vorlage. Zeigen Sie Gott, dass Sie es ernst meinen, indem Sie sich bemühen, seine Gebote der Nächstenliebe und Selbstlosigkeit wirklich umzusetzen.

Positive Kommunikation: Die Chancen nutzen

Sie wissen nun: *Positive Kommunikation* ist eine Idee. Sie ist eine Idee für den Umgang von Menschen miteinander. Der Ansatz der *Positiven Kommunikation* verbindet Wissen und Erkenntnisse aus der Psychologie, der Philosophie und der Religion. Dennoch sind Idee und Umsetzung *Positiver Kommunikation* eigenständig: Jeder kann – wenn er es möchte – *Positive Kommunikation* anwenden, unabhängig von intellektueller, geistiger oder religiöser Überzeugung.

Wenn Sie positiv kommunizieren, bringen Sie etwas Positives. Deshalb verlieren Sie nicht den Mut bei Rückschlägen oder Misserfolgen. Vieles wird auch gelingen. Jeder noch so kleine Beitrag ist wichtig. Und erinnern Sie sich: Es gibt immer ein So oder so. Immer!

zum Weiterlesen

Fachliteratur

Auhagen, A. E. (Hrsg.) (2004). *Positive Psychologie. Anleitung zum »besseren« Leben.* Weinheim: Beltz PVU.

Auhagen, A. E. (2000). On the psychology of meaning of life. In: *Swiss Journal of Psychology, 59(1)*, 34–48.

Auhagen, A. E. (1999). *Die Realität der Verantwortung.* Göttingen: Hogrefe.

Auhagen, A. E. & Bierhoff, H.-W. (Hrsg.) (2003). *Angewandte Sozialpsychologie. Das Praxishandbuch.* Weinheim: Beltz PVU.

Brauers, J. (1998). *Weltformel Harmonie. Universales Fortschrittsprinzip und Lebenssinn.* Baden-Baden: Baden-Badener Verlag.

Deidenbach, H. (1990). *Zur Psychologie der Bergpredigt.* Frankfurt: Fischer.

Elsaesser Valarino, E. (1995). *Erfahrungen an der Schwelle des Todes. Wissenschaftler äußern sich zur Nahtodeserfahrung.* Genf: Ariston.

Frankfurt, H. G. (1999). *Necessity, volition, and love.* Cambridge: Cambridge University Press.

Frankl, V. E. (1979/1995). *Der Mensch vor der Frage nach dem Sinn.* München: Piper.

Höller, J. (2000). *Sicher zum Spitzenerfolg.* München: Econ.

Kant, I. (1785/1994). *Grundlegung zur Metaphysik der Sitten.* Stuttgart: Reclam.

Kellner, H. (1999). *Konflikte verstehen, verhindern, lösen.* München: Hanser.

Kübler-Ross, E. (1994). *Über den Tod und das Leben danach.* Neuwied: Die Silberschnur.

Rosenberg, M. B. (2002). *Gewaltfreie Kommunikation. Aufrichtig und einfühlsam miteinander sprechen.* Paderborn: Junfermann.

Schulz von Thun, F. (1981/1998). *Miteinander reden. Störungen und Klärungen.* Reinbek: rororo.

Watzlawick, P. (1969). *Menschliche Kommunikation.* Bern: Huber.

Williams, B. (1972/1986). *Der Begriff der Moral. Eine Einführung in die Ethik.* Stuttgart: Reclam.

Wong, P. T. P. & Fry, P. S. (Eds.) (1998). *The human quest for meaning. A handbook of psychological research and clinical applications.* Mahwah: Erlbaum.

Religiöse und spirituelle Literatur

Baker Eddy, M. (1997). *Wissenschaft und Gesundheit mit Schlüssel zur Heiligen Schrift.* New German Edition. The First Church Of Christ, Scientist: Boston.

Das ist Mein Wort A und Ω. Das Evangelium Jesu. Die Christus- Offenbarung, welche die Welt nicht kennt. (1993) 2. Aufl. Marktheidenfeld: Das Wort.

Der Allgeist GOTT spricht unmittelbar durch Seine Prophetin in unsere Zeit hinein. Er spricht nicht das Bibelwort. Band 2. Marktheidenfeld: Das Wort.

Der Innere Weg. Gesamtausgabe. (1994). Marktheidenfeld: Das Wort.

Die Heilige Schrift. (1998). Elberfelder Bibel. Revidierte Fassung mit Elberfelder Handkonkordanz. 10. Aufl. Wuppertal: Brockhaus.

Fox, S. (2001). *Auf der Suche nach Wahrheit.* München: Arkana.

Gott der Herr (1996). *Die Neue Bibel.* 3. Aufl. Übersee/ Chiemsee: Lichtkreis Christi e. V.

Ich kam – woher? Ich gehe – wohin? (1996). 8. Aufl. Marktheidenfeld: Das Wort.

Jesus Christus lehrt: Der Weg zur Einheit durch die Liebe. (o. J.). Eigenverlag: Renate Triebfürst, Bonhoefferstr. 19, 90473 Nürnberg.

Ostarek, M. (2001). *Auf Kurs. Lehr- und Lernbuch für Angewandte Psychosophie.* Berlin: Eigenverlag.

Walsch, N. D. (1997). *Gespräche mit Gott. Ein ungewöhnlicher Dialog. Bd. 1.* München: Arkana, Goldmann.

Walsch, N. D. (1999). *Gespräche mit Gott. Ein ungewöhnlicher Dialog. Bd. 3.* München: Arkana, Goldmann.

Weidner, G. (Hrsg.) (2001). *Dein Schutzengel und Du.* Wien: Eigenverlag, A-1071 Wien, Postfach 405.

Weidner, G. (Hrsg.) (o. J.). *Woher komme ich – Wozu lebe ich – Wohin gehe ich.* Wien: Eigenverlag, A-1071 Wien, Postfach 405.

Weidner, G. (Hrsg.) (o. J.). *Ewige und endliche Gesetze Gottes.* Wien: Eigenverlag, A-1071 Wien, Postfach 405.

Yogananda, P. (2004). *Im Zauber des Göttlichen. Gesammelte Vorträge und Essays – Gott im täglichen Leben verwirklichen, Band II.* Los Angeles: Self-Realisation Fellowship Publishers.

Yogananda, P. (2001). *Autobiographie eines Yogi.* Los Angeles: Self-Realisation Fellowship Publishers.

Olga Müller

Normung – *Standardisation*

Normen

- Normen sind anerkannte und veröffentlichte Regeln zur Lösung von Sachverhalten.
- Durch Einbeziehung in Rechts-/ Verwaltungsvorschriften oder Privatwirtschaftliche Verträge können diese verbindlich werden.
- Normen werden in festgelegten Normungsverfahren verabschiedet.
- Internationale Normung dient dem Abbau von Handelshemmnissen.
- Internationale Normen werden europäischen Normungsgremien zur Übernahme vorgeschlagen.
- EU-Normen sind durch EWG-Vertrag auch für Deutschland bindend und entsprechen DIN-Normen.

Elektro- und informationstechnische Normungsgremien

International	Europäisch	National
• **IEC** (**I**nternational **E**lectrotechnical **C**omission, Genf) • Wird gebildet aus Mitgliedern nationaler Normungsgremien (z. B. DKE). • Erstellt Standards als Basis für nationale Normung oder internationale Verträge. • www.iec.ch	• **CENELEC** (**C**omité **E**uropéen de **N**ormalisation **Elec**trotechnique, Brüssel) • Mitglieder sind nationale Normungsinstitute der EU (z. B. DKE) • Erstellt Standards für die Umsetzung in nationale europäische Normen. • www.cenelec.org	• **DKE** (**D**eutsche **K**ommission **E**lektrotechnik Elektronik Informationstechnik im DIN u. VDE) • Ist ein Organ von DIN und VDE (Träger) • Erstellt nationale Normen und vertritt Deutschland in europäischen und internationalen Gremien. • www.dke.de

VDE-Vorschriftenwerk

- Wird vom DKE erarbeitet und herausgegeben.
- Bezeichnung von VDE-Vorschriften ist gegliedert nach Herausgeber (VDE, DIN VDE), Gruppe (0–8), Unternummerierung der Gruppen und Teilen.

Kennzeichnungsbeispiel

DIN VDE 0 7 01 – 1 : 2000-09

- DIN VDE – Herausgeber
- 0 – Blindnull
- 7 – Gruppe
- 01 – Nr. innerhalb der Gr.
- 1 – Teil-Nummerierung
- 2000-09 – Jahr/Monat des Inkrafttretens

Gruppen des VDE-Vorschriftenwerkes

0 Allgemeines 1 Starkstromanlagen 2 Starkstromleitungen und -kabel	3 Isolierstoffe 4 Messung und Prüfung 5 Maschinen, Transformatoren, Umformer	6 Installationsmaterial, Schaltgeräte, Hochspannungsgeräte 7 Verbrauchsgeräte 8 Fernmelde- und Rundfunkanlagen

Auswahl wichtiger VDE-Vorschriften

VDE 0100	Bestimmungen für das Errichten von Starkstromanlagen bis 1000 V
VDE 0105	Betrieb von elektrischen Anlagen
VDE V 018..	Blitzschutz
VDE 0800	Fernmeldetechnik
VDE 0805	Einrichtungen der Informationstechnik
VDE 0808	Signalübertragung auf elektrischen Niederspannungsnetzen im Frequenzbereich von 3 kHz bis 148, 5 kHz
VDE 0820	Geräteschutzsicherungen
VDE 0824	Elektrische Systemtechnik für Heim und Gebäude
VDE 0830	Alarm-/ Einbruchmeldeanlagen
VDE 0838 VDE 0834 VDE 0847	Elektromagnetische Verträglichkeit
VDE 0887	Koaxialkabel für Kabelverteilanlagen
VDE 0888	Lichtwellenleiterkabel